UTB

W0365785

Eine Arbeitsgemeinschaft der Verlage

Böhlau Verlag · Wien · Köln · Weimar
Verlag Barbara Budrich · Opladen · Toronto
facultas.wuv · Wien
Wilhelm Fink · München
A. Francke Verlag · Tübingen und Basel
Haupt Verlag · Bern · Stuttgart · Wien
Julius Klinkhardt Verlagsbuchhandlung · Bad Heilbrunn
Mohr Siebeck · Tübingen
Nomos Verlagsgesellschaft · Baden-Baden
Ernst Reinhardt Verlag · München · Basel
Ferdinand Schöningh · Paderborn · München · Wien · Zürich
Eugen Ulmer Verlag · Stuttgart
UVK Verlagsgesellschaft · Konstanz, mit UVK/Lucius · München
Vandenhoeck & Ruprecht · Göttingen · Bristol
vdf Hochschulverlag AG an der ETH Zürich

Jochen Schmidt

Kompass Referendariat

So finde ich meinen Weg

Ferdinand Schöningh

Der Autor:
Jochen Schmidt ist Dozent am Lehrstuhl für Fachdidaktik am Englischen Seminar der Westfälischen Wilhelms-Universität Münster. Neben unterschiedlichen Lehrveranstaltungen mit fremdsprachdidaktischen Inhalten gehört die praxisorientierte Lehramtsausbildung im Rahmen der Kernpraktika, die in Kooperation mit zahlreichen Schulen innerhalb Deutschlands, den USA und England stattfindet, zu seinem Hauptarbeitsfeld.
Die Erprobung und Entwicklung innovativer Unterrichtsmodelle, Unterrichtsmaterialien sowie neuer Lehr- und Lernmethoden ist dabei ein fester Bestandteil seiner täglichen Arbeit.

Online-Angebote oder elektronische Ausgaben sind erhältlich unter **www.utb-shop.de**

Bibliografische Information der Deutschen Nationalbibliothek

Die Deutsche Nationalbibliothek verzeichnet diese Publikation in der Deutschen National-bibliografie; detaillierte bibliografische Daten sind im Internet über http://dnb.d-nb.de abrufbar.

(Ferdinand Schöningh GmbH & Co. KG, Jühenplatz 1, D-33098 Paderborn)

Internet: www.schoeningh.de

Printed in Germany.
Einbandgestaltung: Atelier Reichert, Stuttgart
Herstellung: Ferdinand Schöningh, Paderborn

UTB-Band-Nr.: 8485
ISBN 978-3-8252-8485-5

Inhalt

Danksagung

Dank sagen möchte ich an dieser Stelle meiner Frau Anna, mit deren Erfahrungen und Erkenntnissen aus dem Referendariat und der eigenen Lehrerausbildung, die sie in den vergangenen Jahren immer wieder gerne mit mir geteilt und kritisch reflektiert hat, das Schreiben dieses Buches in seiner jetzigen Form überhaupt erst möglich geworden ist.

Wer hätte gedacht, dass sich das Verschriftlichen der vielen Eindrücke aus dieser Zeit in dieser Form niederschlagen würde?

1. Selbsteinschätzung

Eine der wichtigsten Fragen, die sich jede Lehramtsanwärterin/jeder Lehramtsanwärter zu Beginn des Referendariats stellt, ist die, welche Art von Lehrerin/Lehrer man sein möchte, wie man dieses persönliche Ziel am besten erreichen kann und ob man alle notwendigen Kriterien erfüllt, um dieses Ziel auch tatsächlich erreichen zu können. Die Ausbildungsphase während des Referendariats bietet Ihnen viele Möglichkeiten, sich gründlich mit diesen Fragen auseinanderzusetzen.

Das vorliegende Buch unterstützt Sie während dieser Zeit, bietet Ihnen Ansatzpunkte und Lösungsstrategien für viele Ihrer Fragen und hilft Ihnen bei der Verwirklichung Ihrer Ziele. Die Herangehensweisen sind dabei völlig unterschiedlich: methodisch, kompetenzorientiert, organisatorisch, kritisch reflektierend oder individuell.

Und weil der letzte Punkt, der der Individualität, meines Erachtens einer der wichtigsten ist – denn er ist es, der zu einer eigenen Lehrerpersönlichkeit beiträgt –, sollten wir genau bei diesem Punkt anfangen.

Dabei wünsche ich Ihnen viel Spaß und viel Erfolg!

Markieren Sie nachfolgend, welche Merkmale in welchem Ausmaß (++ = sehr stark / – – überhaupt nicht) auf Sie zutreffen. Dies soll Ihnen dabei helfen, sich selbst und Ihre besonderen Charaktereigenschaften und Fähigkeiten etwas besser einzuschätzen.

anspruchsvoll	++	+	o	–	– –
ausdauernd	++	+	o	–	– –
ausgeglichen	++	+	o	–	– –
begeisterungsfähig	++	+	o	–	– –
belastbar	++	+	o	–	– –
diskussionsfähig	++	+	o	–	– –
diszipliniert	++	–	o	–	– –
durchsetzungsfähig	++	+	o	–	– –
einfühlsam	++	+	o	–	– –
emotional	++	+	o	–	– –
empathiefähig	++	+	o	–	– –
entscheidungsfreudig	++	+	o	–	– –
experimentierfreudig	++	+	o	–	– –
flexibel	++	+	o	–	– –
fordernd	++	+	o	–	– –
fortschrittlich	++	+	o	–	– –
geduldig	++	+	o	–	– –
gerecht	++	+	o	–	– –
gründlich	++	+	o	–	– –

hilfsbereit	++	+	o	–	– –
höflich	++	+	o	–	– –
humorvoll	++	+	o	–	– –
interessiert	++	+	o	–	– –
kommunikativ	++	+	o	–	– –
kompromissbereit	++	+	o	–	– –
kontaktfreudig	++	+	o	–	– –
kooperativ	++	+	o	–	– –
kreativ	++	+	o	–	– –
kritikfähig	++	+	o	–	– –
lautstärkeempfindlich	++	+	o	–	– –
lehrerfahren	++	+	o	–	– –
leistungsbereit	++	+	o	–	– –
leistungsorientiert	++	+	o	–	– –
lernwillig	++	+	o	–	– –
motiviert	++	+	o	–	– –
optimistisch	++	+	o	–	– –
organisiert	++	+	o	–	– –
pflichtbewusst	++	+	o	–	– –
planvoll	++	+	o	–	– –
praktisch	++	+	o	–	– –
problembewusst	++	+	o	–	– –
selbständig	++	+	o	–	– –
selbstkritisch	++	+	o	–	– –
selbstsicher	++	+	o	–	– –
sorgfältig	++	+	o	–	– –
spontan	++	+	o	–	– –
stresstolerant	++	+	o	–	– –
sympathisch	++	+	o	–	– –
teamfähig	++	+	o	–	– –
tolerant	++	+	o	–	– –
umgänglich	++	+	o	–	– –
unkompliziert	++	+	o	–	– –

verantwortungsbewusst	++	+	o	–	– –
verlässlich	++	+	o	–	– –
zielgerichtet	++	+	o	–	– –

Ich kann:

Ausflüge organisieren	++	+	o	–	– –
basteln und werken	++	+	o	–	– –
delegieren	++	+	o	–	– –
ein Instrument spielen	++	+	o	–	– –
einen kühlen Kopf bewahren	++	+	o	–	– –
Erste Hilfe leisten	++	+	o	–	– –
gut mit Kindern umgehen	++	+	o	–	– –
gut zuhören	++	+	o	–	– –
improvisieren	++	+	o	–	– –
komplexe Inhalte vereinfachen	++	+	o	–	– –
Menschen begeistern	++	+	o	–	– –
mich gut in andere hineinversetzen	++	+	o	–	– –
Probleme lösen	++	+	o	–	– –
schauspielern	++	+	o	–	– –
singen	++	+	o	–	– –
Streit schlichten	++	+	o	–	– –
überzeugen	++	+	o	–	– –
vorausplanen	++	+	o	–	– –
Wissen vermitteln	++	+	o	–	– –

Markieren Sie nun abschließend diejenigen fünf Merkmale (aus Tabelle 1 und 2), die Sie als Ihre bedeutendsten persönlichen Stärken ansehen.

!

Aufgabe: Nennen Sie die fünf Charaktereigenschaften, die von Ihren Freunden am meisten an Ihnen geschätzt werden.

Verlässlichkeit Disziplin

ein offenes Ohr

Durchhaltevermögen

Humor

Frage: Aus welchen Gründen wollen Sie Lehrerin bzw. Lehrer werden?

Arbeit mit Menschen / Kindern & Jugendlichen; Liebe zu meinen Fächern

Sicherheiten; Ferien ☺

Frage: Was sind Ihre drei größten Schwächen/Schwierigkeiten. Beeinflussen diese Ihre Berufswahl? Wie können Sie mit diesem Problem möglichst produktiv umgehen bzw. wie können Sie dieses Problem vielleicht sogar mittel- bis langfristig lösen?

1, Verbissenheit → Keep cool! ☺

2, Selbstbewusstsein → Anna-Lena = gut

3, Kritikfähigkeit → nicht persönlich nehmen

Frage: Warum braucht die Schule gerade Sie, und nicht eine andere Lehrerin bzw. einen anderen Lehrer?

Ich bin engagiert, teamfähig und habe Spaß daran, den S mein Wissen weiterzugeben.

Frage: Haben Sie bereits in anderen Bereichen Gruppen von Kindern oder Jugendlichen betreut? Welche Erfahrungen sind für Sie aus diesem Bereich für den schulischen Unterricht hilfreich?

1, Purzelgarde -> Motivation
2, Assistent Teacher -> UR-Aufbau, wie verhalten bei lauten S, Schulorganisation (Eltern, Kollegen)

Frage: Über welche Lehr- oder Unterrichtserfahrung verfügen Sie bereits? Welche wichtigen Erfahrungen haben Sie aus dieser Arbeit gesammelt? Welche dieser Erfahrungen helfen Ihnen für den Lehrerberuf?

Praktika der Uni -> UR-Matrix
Pädagogischer Austauschdienst
-> Verhalten vor S

Frage: Worin sehen Sie die größten Herausforderungen für sich im Referendariat?

Sprung ins kalte Wasser
Anforderungen, die an einen gestellt werden & der Druck, den man sich selbst macht

Frage: Über welche Eigenschaften verfügt Ihrer Meinung nach die perfekte Lehrerin/der perfekte Lehrer?

Fachwissen, Humor / Strenge in gleichem Maß

Aufgabe: Ordnen Sie Ihre Einfälle zur perfekten Lehrerin bzw. zum perfekten Lehrer im übertragenen Sinne der Figur zu. Manche Entscheidungen entstehen „aus dem Bauch heraus“, andere sind emotionale „Herzensangelegenheiten“. Manches ist „Kopfsache“, und wieder anderes erfordert „Körpereinsatz“. Sicherlich fallen Ihnen bei der Zuordnung weitere passende Charaktereigenschaften ein!

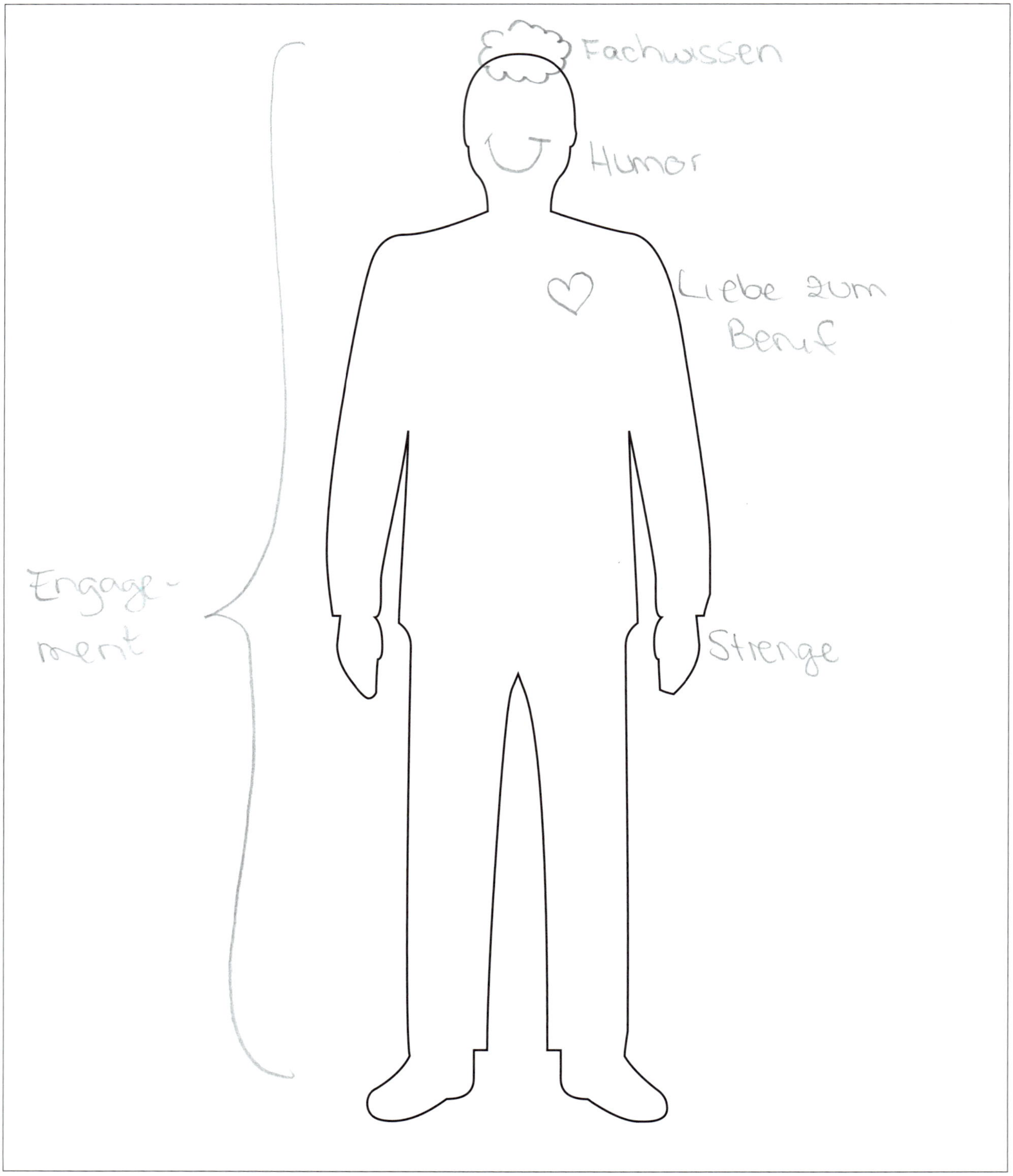

Aufgabe: Entsprechend Ihrer Vorstellungen, was eine Lehrerin/ein Lehrer alles für den Berufsalltag benötigt, zeichnen Sie ein Fantasiewesen, das diese Anforderungen erfüllt. Beispiel: Eine Lehrerin/ein Lehrer benötigt ein „dickes Fell“.

2. Erwartungen an Referendariat und Lehrerberuf

Ihre Erwartungen gegenüber dem Referendariat und dem späteren Lehrerberuf sind wichtiger Bestandteil Ihrer eigenen Positionierung in der Arbeitswelt *Schule und Bildung*. Eigene Erwartungen, Hoffnungen und Wünsche stehen häufig in enger Konkurrenz zu den Erwartungshaltungen unterschiedlicher Gruppen und Autoritäten sowie übergeordneten Prinzipien und Vorgaben. Gleichzeitig haben aber auch Sie bestimmte Erwartungen an andere Menschen und an Institutionen, in die Sie eingebunden sind. Die folgenden Fragen und Denkanstöße sollen Ihnen dabei helfen, sich frühzeitig Gedanken zu diesen grundlegenden Themen zu machen.

Häufig werden Sie auch gerade zu diesen Punkten von Kolleginnen und Kollegen, von der Schulleitung, aber auch von Ihren Schülerinnen und Schülern sowie deren Eltern befragt. Die nachfolgenden Fragen können Sie auf eine durchdachte Antwort vorbereiten.

!

Erwartungen

Frage: Wie stellen Sie sich den Alltag als Referendarin/Referendar während Ihrer Berufsausbildungsphase im Berufsfeld *Schule* vor? Was sind Ihre grundsätzlichen Erwartungen? Bedenken Sie dabei, dass viele Tätigkeiten auch außerhalb der eigentlichen Unterrichtszeit stattfinden (Vorbereitungsarbeiten, Korrekturen usw.). Markieren Sie abschließend diejenigen drei Punkte mit einem (+), die für Sie von besonderer Wichtigkeit sind.

Erwartungen an den Alltag während des Referendariats:
•
•
•
•
•
•
•
•
•
•

Um diese allgemeinen Vorstellungen zu konkretisieren, geben Ihnen die folgenden Fragen bestimmte Interessengruppen rund um den Bereich *Schule* vor. Reflektieren Sie bei der Beantwortung sowohl die Erwartungshaltungen seitens der jeweiligen Interessengruppe als auch Ihre eigenen Erwartungen an diese Interessengruppe!

Frage: Welche Erwartungen haben Ihre Schülerinnen und Schüler an Sie als gute Referendarin/guten Referendar? Denken Sie im Umkehrschluss auch daran, welche Erwartungen – positiv wie negativ – Sie bezüglich Ihrer Schülerinnen und Schüler haben!

Erwartungen der Schülerinnen und Schüler an Sie:	Ihre Erwartungen an die Schülerinnen und Schüler:
•	•
•	•
•	•
•	•
•	•
•	•
•	•
•	•

Frage: Denken Sie, dass Sie als Referendarin/Referendar mit bestimmten Stereotypen oder Vorurteilen und folglich mit besonderen Herausforderungen konfrontiert werden? Wenn ja, womit müssen Sie rechnen? Wie gravierend sind die einzelnen Punkte für Sie persönlich? Markieren Sie Ihre persönliche Betroffenheit in der Tabelle (+ = stark, o = weniger stark, – = überhaupt nicht).

Stereotype/Vorurteile:	+	o	–
•			
•			
•			
•			
•			
•			
•			
•			
•			
•			
•			
•			

Frage: Welche Erwartungen haben Ihre Kolleginnen und Kollegen an Sie als gute Referendarin/guten Referendar? Denken Sie im Umkehrschluss auch daran, welche Erwartungen – positiv wie negativ – Sie bezüglich Ihrer Kolleginnen und Kollegen haben!

Erwartungen der Kolleginnen und Kollegen:	Ihre Erwartungen an die Kolleginnen und Kollegen:
•	•
•	•
•	•
•	•
•	•
•	•
•	•
•	•
•	•
•	•

Frage: Welche Erwartungen hat die Schulleitung an Sie als gute Referendarin/guten Referendar? Denken Sie im Umkehrschluss auch daran, welche Erwartungen – positiv wie negativ – Sie bezüglich der Schulleitung haben!

Erwartungen der Schulleitung an Sie:	Ihre Erwartungen an die Schulleitung:
•	•
•	•
•	•
•	•
•	•
•	•
•	•
•	•
•	•
•	•

Frage: Welche Erwartungen haben die Eltern Ihrer Schülerinnen und Schüler an Sie als gute Referendarin/guten Referendar? Denken Sie im Umkehrschluss auch daran, welche Erwartungen – positiv wie negativ – Sie bezüglich Ihrer Schülereltern haben!

Erwartungen der Eltern an Sie:	Ihre Erwartungen an die Eltern:
•	•
•	•
•	•
•	•
•	•
•	•
•	•
•	•
•	•
•	•

Diese zahlreichen und teilweise sicherlich auch konträren Erwartungshaltungen gilt es, unter einen Hut zu bringen. Ihre Positionierung zu den eigenen und fremden Erwartungshaltungen und die Entwicklung eines Standpunktes, der zwar bestimmten Erwartungen und Anforderungen gerecht wird, aber die eigenen Bedürfnisse und Wünsche nicht aufgibt, ist ein wichtiger Bestandteil Ihrer individuellen Entwicklung während des Referendariats. Die Auseinandersetzung mit diesen verschiedenen Positionen wird sich auch maßgeblich auf die Ausbildung Ihrer Lehrerpersönlichkeit auswirken. Deshalb ist es wichtig, sich frühzeitig, gründlich und vor allem mit offenen Augen damit auseinanderzusetzen.

Im Folgenden haben Sie daher noch einmal die Möglichkeit, in einem Top-10-Ranking Ihre wichtigsten eigenen Erwartungen aus den unterschiedlichen vorausgehenden Tabellen zusammenzutragen und diese den zehn Punkten gegenüber zu stellen, die Ihnen am wenigsten entsprechen.

Dies kann Sie bei Ihrer Meinungsbildung und bei Ihrer Herangehensweise an unterschiedliche Alltagssituationen in der Schule weiter unterstützen!

Folgende Punkte sind mir besonders wichtig:	Damit kann ich mich überhaupt nicht anfreunden:
1	1
2	2
3	3
4	4
5	5
6	6
7	7
8	8
9	9
10	10

Lehrplan und Curriculum

Abschließend noch ein Wort zu den Rahmenvorgaben während des Vorbereitungsdienstes, den Lehrplänen und dem Curriculum. Denn neben den äußeren Faktoren im Bezug auf Erwartungshaltungen verschiedener Interessengruppen aus dem Berufsfeld *Schule* gibt es natürlich auch bestimmte Vorgaben für Referendarinnen und Referendare, genauso wie für bereits ausgebildete Lehrerinnen und Lehrer, die sich auf die inhaltliche Gestaltung von Schule und Unterricht auswirken.

Wenn Sie das nicht bereits während Ihres Studiums getan haben, sollten Sie spätestens jetzt einen Blick in die Richtlinien und die Lehrpläne Ihrer zukünftigen Unterrichtsfächer werfen. Denn hier finden Sie zahlreiche Informationen und Vorgaben rund um die Unterrichts- und Lehrinhalte Ihrer Fächer. Als wichtiger Grundpfeiler unterrichtlichen Handelns kommt dem Lehrplan daher eine wichtige Bedeutung zu. Wenn Sie Ihren Beruf als angehende Lehrerin/angehender Lehrer ernst nehmen, bildet das Erarbeiten, das kritische Auseinandersetzen mit und das Kennen dieser Fachvorgaben die Grundlage dafür, den gewählten Beruf korrekt und professionell wahrnehmen und ausüben zu können.

Nicht nur weil sich die Lehrpläne stets im Wandel befinden, sondern auch weil sie von Bundesland zu Bundesland verschieden sind, ist hier im Folgenden keine detaillierte Analyse bestimmter Inhalte der jeweiligen Lehrpläne vorgesehen. Viel wichtiger ist die generelle Haltung, die Sie gegenüber dem Lehrplan bzw. den Richtlinien einnehmen möchten. Wir alle erinnern uns sicherlich an die eigene Schulzeit, in denen bei Rückfragen zu bestimmten Unterrichtsinhalten mit völlig unterschiedlichen Reaktionen gerechnet werden konnte.

So könnte ein Lehrer beispielsweise gesagt haben: „Ja, aber das steht doch alles so im Lehrplan. Da können wir nichts dran ändern.“, wohingegen eine andere Kollegin vielleicht mit „Ich halte das für ein sehr wichtiges Thema, auch wenn das so nicht explizit in den Lehrplänen steht.“ geantwortet hat. Während die eine Reaktion eher eine strenge, unreflektierte Unterordnung unter die Vorgaben des Lehrplans darstellt, veranschaulicht die zweite Äußerung eine gewisse Offenheit hinsichtlich dieser Rahmenvorgabe. Bei beiden Grundhaltungen handelt es sich um Extrempositionen hinsichtlich der persönlichen Einstellung gegenüber dem Lehrplan.

Für Sie konkret veranschaulichen diese Beispiele, dass es wichtig ist, sich bezüglich der Inhalte und Vorgaben des Lehrplans eine eigene Meinung zu bilden und sich zu positionieren.

Eine wohl überlegte und reflektierte Haltung gegenüber dem Lehrplan setzt voraus, dass Sie sich mit dessen Vorgaben und Zielsetzungen formal und inhaltlich gründlich auseinandersetzen. Denn nicht selten werden Sie von Ihren Schülerinnen und Schülern aber auch von Ihren Kolleginnen und Kollegen gefragt werden, warum Sie sich für bestimmte Kursinhalte, Themenstellungen und Lektüren entschieden haben. Gerade dann ist eine solide Kenntnis des Lehrplans und des Curriculums eine wichtige Grundlage, um diesen Fragen zu begegnen.

Dabei soll Ihnen die folgende Frage, die ein gründliches Lesen des Lehrplans voraussetzt, helfen.

! *Lehrplan*

Frage: Welche Haltung würden Sie gegenüber dem Lehrplan einnehmen wollen bzw. in welcher Funktion nehmen Sie den Lehrplan wahr und welches Ausmaß an Autorität gestehen Sie dem Lehrplan zu (kritisch reflexiv, eher unterordnend, verbindlich instruktiv, unverbindlich beratend, unterstützend, hilfreich, dominant...)?

Meine Einstellung zum Lehrplan: Ich sehe ihn an als...

3. Organisatorisches

Gerade zu Beginn des Referendariats werden Sie mit viel Neuem geradezu überhäuft. Frisch aus dem Studium lernen Sie in einer neuen Situation innerhalb kürzester Zeit Ko-Referendarinnen und -Referendare, Seminar- und Fachleiterinnen und -leiter, Schulkolleginnen und -kollegen, Ausbildungslehrerinnen und -lehrer und Mentorinnen und Mentoren, Ihre Schülerinnen und Schüler, Verwaltungspersonen sowie weitere Vertreter verschiedenster Interessengruppen kennen. Zusätzlich werden eine große Bandbreite an Terminen und weiteren organisatorischen Anforderungen auf Sie zukommen.

Es ist daher wenig überraschend, wenn meine erste Empfehlung vor diesem Hintergrund die zum Kauf eines gut strukturierten, übersichtlichen Organizers oder Kalenders ist. Hierauf können und dürfen Sie auf keinen Fall verzichten. Ob der Kalender in Papierform oder digital in Ihrem Smartphone vorliegt, spielt dabei keine Rolle. Wichtig ist nur, dass Sie die Fülle an neuen und sich stetig aktualisierenden Informationen gut verwalten und frühzeitig – dies kann nicht stark genug betont werden – planen.

Organizer

Nachfolgend finden Sie einige Listen und Formulare, die Ihnen bei genau dieser Aufgabe helfen können. Insbesondere die großformatigen Kalenderblätter, die über genügend Platz für Eintragungen und Notizen verfügen, können Sie dabei unterstützen, bestimmte terminbelastete Monate noch übersichtlicher und *en detail* zu gestalten – der kleine Display Ihres Smartphones kann da in punkto Übersichtlichkeit nicht wirklich mithalten. Hier notieren Sie nicht nur Hospitationsphasen, etwas später Ihren ersten eigenen Unterricht sowie schlussendlich die Phasen des eigenverantwortlichen Unterrichts, sondern planen auch möglichst langfristig Ihre Lehrproben/Unterrichtsbesuche (mit entsprechenden Pausen dazwischen!), Korrekturphasen, Termine für Klassenarbeiten und Tests, Klassenfahrten und Ausflüge, AGs und Projekttage, Fortbildungen und Weiterbildungen, Erste–Hilfe-Kurs, Fachtagungen und Messen (z.B. die *Didacta*), sowie Konferenzen, Sitzungen, Gremienarbeit und Elternsprechtage. Das Wichtigste dürfen Sie aber wirklich nicht vergessen: Planen Sie entsprechende Pausen und Ruhewochenenden ein – wenn möglich. Bedenken Sie dabei die Schulferien und Feiertage.

Fortbildungen und Weiterbildungen

Je nach Bundesland und entsprechend der Vorgaben für den Vorbereitungsdienst gehören Fort- und Weiterbildungen unmittelbar zu Ihrem Aufgabenbereich. Denn in vielen Bundesländern ist die erfolgreiche Teilnahme an einer bestimmten Anzahl an Weiterbildungsmaßnahmen eine der Voraussetzungen für die formale Zulassung zum zweiten Staatsexamen. In den einzelnen Fachseminaren werden Sie sicherlich auf die konkrete Anzahl an notwendigen Weiterbildungen sowie eine Reihe von Fortbildungsmöglichkeiten hingewiesen werden.

Zulassung zum zweiten Staatsexamen

Auch hierzu empfiehlt sich die Vorüberlegung, welche Interessen Sie aus persönlichen Gründen oder berufsbedingt verfolgen und wie Sie diese nutzbringend in die Schulpraxis einbringen können. Interesse setzt meist Enthusiasmus und Begeisterung für eine bestimmte Sache voraus. Und diese Grundhaltung gegenüber dem gewählten Schwerpunkt können Sie fruchtbar für sich einsetzen. Wählen Sie also frühzeitig und in Abstimmung mit Ihren sonstigen Terminen und Plänen entsprechende Weiterbildungsmöglichkeiten aus, die Sie interessieren. Häufig finden Fort- und Weiterbildungen in Wochenendseminaren statt, so dass Sie hier einen Teil Ihrer eigentlichen Freizeit, die im Vorbereitungsdienst ohnehin schon stark strapaziert ist, aufwenden werden.

Schwerpunkt setzen

Neben dem möglicherweise vorgeschriebenen Pflichtpensum an Weiterbildungsmaßnahmen ist es natürlich immer von Vorteil, wenn Sie darüber hinaus aus Eigeninitiative *von Mitbewerbern abheben*

weitere Qualifikationsmöglichkeiten für sich suchen. Oft ergeben sich aus diesen Workshops auch neue Anknüpfungspunkte, die sich in frischen und trendsetzenden Projekten an der Ausbildungsschule etablieren lassen. Dies wird Sie am Ende des Vorbereitungsdienstes von Ihren Mitbewerbern abheben.

Welche fachlichen Interessen verfolgen Sie grundsätzlich?	Tragen Sie hier mögliche Fort- und Weiterbildungsmaßnahmen ein.	
	Maßnahme	Termin

Schwächen aufarbeiten

Neben Veranstaltungen, die sich mit Ihren Interessen und folglich auch eher mit Ihren Stärken überschneiden, können Weiterbildungsmaßnahmen auch dazu genutzt werden, um Schwächen aufzuarbeiten. Tragen Sie deshalb in der folgenden Tabelle Bereiche ein, in denen Sie noch Optimierungspotential für sich sehen. Ein Blick auf den Selbsteinschätzungsbogen und die einleitenden Fragen kann Ihnen diesbezüglich weiterhelfen.

Hier sehe ich persönlichen Optimierungs- und Entwicklungsbedarf.	Tragen Sie hier mögliche Fort- und Weiterbildungsmaßnahmen ein.	
	Maßnahme	Termin

Fachtagungen und Messen

Das Besuchen von Fachtagungen, Ausstellungen, Messen, wie z.B. der *Didacta*, oder von Verlagshäusern der Schulbuchverlage ist auch bereits während des Vorbereitungsdienstes sehr hilfreich und nützlich. Hier erfahren Sie Neues und Wissenswertes im Hinblick auf derzeitige Trends und Entwicklungsstände rund um den Bereich Schule, Bildung und Erziehung. Auf Messen wie der *Didacta* können Sie unter anderem erste Eindrücke zu neuen Lehrwerken, neuen Medien, Lernsoftware und vielen weiteren Unterrichts- und Lehrmaterialen gewinnen. Häufig finden sich hier interessante Inspirationen und Ideen für die Gestaltung des eigenen Unterrichts. Wenn Sie die Möglichkeit haben, empfiehlt sich ein Besuchen von Messen und Fachtagungen gemeinsam mit Kolleginnen und Kollegen oder befreundeten Mitstreiterinnen und -streitern aus dem Vorbereitungsdienst. Gemeinsam und mit dem nötigen kritischen gedanklichen Austausch macht der Besuch dieser Veranstaltungen erfahrungsgemäß gleich doppelt so viel Spaß!

Trends und Entwicklungsstände

Welche Fachinhalte interessieren Sie besonders?	Tragen Sie hier mögliche Messen oder Ausstellungen ein, die sich mit diesen Inhalten befassen.	
	Messe / Ausstellung	Termin

TIPP

Als Referendarin oder Referendar erhalten Sie Ermäßigungen bei den meisten Verlagen beim Kauf von Schulbüchern sowie Unterrichts- und Lehrmaterialien. Gerade weil das Referendariatsgehalt ohnehin schon sehr knapp bemessen ist, kann hier stellenweise gut gespart werden. Und wenn man die Erstattungen für Unterrichtsmaterialien und Fachliteratur bei der jährlichen Steuererklärung mit berücksichtigt, ergeben sich nicht selten wirklich günstige Einkäufe. Zumindest dann, wenn man das Material tatsächlich für den eigenen Unterricht benötigt und nicht nur einmal neue Fachliteratur sichten möchte.

Konferenzen, Teamsitzungen und Gremienarbeit

Auch in diesen Aufgabenbereichen können Sie bereits während des Vorbereitungsdienstes erste grundlegende und wichtige Erfahrungen sammeln. Insbesondere was die Organisations- und Planungsabläufe von Konferenzen, Teambesprechungen und Gremienarbeit angeht, werden Sie hier durch aktive Teilnahme und Eigeninitiative gut auf den späteren Lehrerberuf vorbereitet, denn diese organisatorischen Aspekte machen neben dem eigent-

Eigeninitiative

lichen Unterrichtsgeschehen und den eigenen Vor- und Nachbereitungsleistungen einen Großteil das Schulalltags aus. Besonders wichtig ist, dass Sie hier lernen, ziel- und ergebnisorientiert mit gutem Zeitmanagement zu arbeiten. Gerade in diesem Segment gibt es erfahrungsgemäß ein breites Fort- und Weiterbildungsangebot, dass Sie auf diesen Arbeitsbereich sorgfältig vorbereitet.

Auch wenn Sie vielleicht nicht in allen Bereichen engagiert mitarbeiten und mitentscheiden können oder möchten, so können Sie dennoch durch bloße Teilnahme an diesen Veranstaltungen lernen. Gesprächsführung, Meinungsaustausch, Debatten, Konflikte, Abstimmungen und Entschlüsse lassen sich beobachten und mitverfolgen. Unterschiedliche Verhaltensweisen, taktische Vorgehensweisen, Vortragsstile, Gesprächs- und Körperhaltung, rhetorische Mittel und sich strategisch zu positionieren sind nur einige der vielen Teilaspekte, die Sie dort beobachten können.

TIPP

Machen Sie sich auch zu formalen Aspekten dieser Veranstaltung Notizen (Ankündigung, Gesprächsabfolge, Tagesordnungspunkte (TOP), Protokollführung, Nachbereitung und Evaluation).

In der nachfolgenden Liste können Sie Ihre Termine übersichtlich zusammentragen. Auch die verschiedenen Personengruppen, die an den Treffen beteiligt sein werden, können Sie hier bereits vorbereitend notieren. Unter dem Punkt *Sonstiges* können Sie, falls Sie gemeinsam im Team etwas präsentieren sollen, z.B. die Deadline für die Präsentation notieren oder weitere wichtige Informationen zusammentragen.

Art des Termins	Personen	Thema/Inhalt	Deadline	Sonstiges

Elternsprechtage

Sobald Sie selbständigen Unterricht übernehmen oder eine Lerngruppe eigenständig unterrichten, entsteht nicht nur die Notwendigkeit, dass Sie die Leistungen der Schülerinnen und Schüler bewerten, sondern auch, dass die schulischen Leistungen oder Defizite der Lernenden gegenüber den Eltern transparent gemacht werden. Dies geschieht normalerweise auf dem Elternsprechtag. Gerade als Neulinge im Berufsfeld *Schule* sehen Referendarinnen und Referendare dem ersten Elternsprechtag mit großer Spannung entgegen. Eine sorgfältige Planung und Vorbereitung auf diesen Tag vermeidet unnötige Unruhe oder Stress am Elternsprechtag selbst.

Bewertungskriterien erklären und begründen können

Wichtig ist besonders, dass Sie die Bewertungskriterien für die Benotung Ihrer Schülerinnen und Schüler erklären können und die Noten selbst gut begründen können. Bei Klausuren, Tests oder sonstigen benoteten Arbeiten ist dies gewöhnlich leichter, da der Erwartungshorizont klar Aufschluss darüber gibt, weshalb die jeweiligen Noten vergeben wurden. Gerade bei leistungsschwächeren Schülerinnen und Schülern ist dies von besonderer Relevanz. Eltern wollen häufig ganz genau wissen, wie schlechte Noten oder Defizite zu Stande gekommen sind und ob entsprechende Fördermaßnahmen und Unterstützungsangebote seitens der verantwortlichen Lehrerinnen und Lehrer stattgefunden haben.

Förder- und Unterstützungsmaßnahmen dokumentieren

Deshalb ist es sinnvoll, auch die Förder- und Unterstützungsmaßnahmen sorgfältig zu dokumentieren, um beim Elternsprechtag gegebenenfalls auch bei schwierigeren Elterngesprächen den Überblick zu behalten und souverän und professionell aufzutreten. Wenn Sie noch unerfahren in diesem Bereich sind, können Sie auch im Rahmen der Weiterbildungsmaßnahmen des Vorbereitungsdienstes Seminare zu Themen wie *Rhetorik*, *Argumentation*, *Diskussion* oder *Körperhaltung* und *Körpersprache* oder ganz konkret zum Thema *Elterngespräch* besuchen und sich weiterqualifizieren.

Organisation der Gesprächstermine

Erfahrungsgemäß bietet es sich an, den Elternsprechtag und mögliche Elternbesuche von vornherein selbst aktiv zu planen.

Die Zeitfenster können unterschiedlich lang sein. Etwa 5-7 Minuten reichen für kurze Beratungsgespräche aus. Bei „Problemfällen" sollten Sie längere Zeitfenster einkalkulieren und im Bedarfsfall direkt mehrere Termine auf der Liste blocken. Vergessen Sie außerdem nicht, auch die Pausen auf der Terminliste zu notieren. Wenn möglich, planen Sie alle 15-20 Minuten eine kurze Pause als Pufferzone mit ein. Blocken Sie diese Termine direkt auf der Liste.

Unterlagen griffbereit haben

Nicht alle Eltern werden einen Termin mit Ihnen vereinbaren. Häufig passiert es, dass Eltern bei offenen Sprechzeiten unangekündigt erscheinen. Deshalb ist es wichtig, potentiell auf alle Besuche vorbereitet zu sein und die nötigen Unterlagen für Beratungsgespräche griffbereit zu haben.

Wenn Sie bestimmte Erziehungsberechtigte vorab zum Gespräch einladen, fällt die Unsicherheit weg, wer denn überhaupt beim Elternsprechtag erscheinen wird. Zum Gespräch können Sie die Eltern zum Beispiel mit dem nachfolgenden Schreiben einladen. Darüber hinaus bietet sich eine Teilnahmeliste bzw. ein Übersichtsplan über den Elternsprechtag an. Als besonders hilfreich haben sich auch kleine Karteikarten erwiesen, auf denen Sie sich zur Vorbereitung die wichtigsten Punkte für das Beratungsgespräch mit den Eltern notieren. Auch dazu finden Sie eine Vorlage auf den folgenden Seiten.

TIPP

Das Notieren der Nachnamen der Erziehungsberechtigten erspart angesichts flexibler Familienstrukturen Verwirrungen am Tag des Elternsprechtags.

Es kann aus Gründen der Vertraulichkeit sinnvoll sein, auf der Terminliste, die an der Klassentür aufgehängt wird, die Namen der Besucher als Kürzel zu notieren oder lediglich die Vornamen der Schülerinnen und Schüler mit abgekürztem Nachnamen anzugeben.

Vor Ihrem ersten Elternsprechtag empfiehlt es sich, auch noch einmal das Gespräch mit erfahrenen Lehrkräften zu suchen, um sich konkret über bestimmte Schülerinnen/Schüler sowie Vereinbarungen oder generelle Einsichten aus vorausgegangenen Beratungsgesprächen auszutauschen.

Meistens werden die Elternsprechtage in den Klassenzimmern der Schule abgehalten. Ein wenig Vorbereitung um dieser sehr formalen Umgebung einen freundlicheren Touch zu geben, kann nicht schaden. Denn dann fühlen sich alle Beteiligten nicht gleich so, als würden sie die Schulbank drücken.

Ein paar Blumen können auf den Tisch gestellt werden. Etwas zu trinken (Wasser, Tee, Kaffee) sowie ein paar Kekse können gerade bei längeren Gesprächen hilfreich sein. Dies hängt aber natürlich stark von Ihnen ab. Wenn Sie befürchten, dass Sie so eine „Kaffeekränzchen-Atmosphäre" suggerieren, die die notwendige Ernsthaftigkeit und Professionalität missen lässt, können Sie natürlich darauf verzichten. Die Erfahrung hat aber gezeigt, dass sich gerade bei längeren Gesprächen eine freundliche Atmosphäre sehr positiv auf den Gesprächsverlauf auswirken kann.

→ s. S. 38

Auf einer Karteikarte können Sie kurz die wichtigsten Informationen zu der betreffenden Schülerin oder dem betreffenden Schüler notieren. Wenn Sie die Karteikarten, insbesondere bei den „Problemfällen", sorgfältig vorbereiten, können Sie am Elternsprechtag problemorientiert mit den Eltern über Strategien zur Verbesserung der Leistung sprechen. Bei älteren Schülerinnen und Schülern können Sie Termine auch mit ihnen selbst vereinbaren.

TIPP

Wenn Sie Schwierigkeiten haben, sich Namen und Gesichter gut einzuprägen, kann es helfen, ein kleines Foto der Schülerin/des Schülers direkt mit auf die Karte zu heften.

Elternbrief: Einladung zu einem Beratungsgespräch

Aus den folgenden Musterbeispielen können Sie schnell und unkompliziert Ihre eigene Einladung für ein Beratungsgespräch am nächsten Elternsprechtag erstellen. Die vorformulierten Textbausteine können Sie nach Bedarf zusammenstellen. Die Textbausteine wirken isoliert etwas formalistisch, lassen sich aber mit nur wenigen Handgriffen gut zusammenführen. Fragmente wie „Ihr Sohn"/„Ihre Tochter" können durch Nennen des Namens der Schülerin bzw. des Schülers aufgelockert werden. Adjektive, wie auch an den nachfolgenden Beispielen verdeutlicht, helfen dabei, graduelle Unterschiede in der Schwere der Probleme zu kennzeichnen.

Sehr geehrte(r) Frau/Herr X, sehr geehrte Familie X,

zum kommenden Elternsprechtag, der am 20.11.2011 ab 15.00 Uhr stattfindet, möchte ich Sie gerne zu einem Gesprächstermin einladen.
Besprechen möchte ich mit Ihnen die schulischen Leistungen/das Sozialverhalten/das Unterrichtsverhalten/Arbeitsverhalten Ihres Sohnes X/Ihrer Tochter X in meinem Unterricht/im Fach X.

Adjektive wie „unzureichend“, „problematisch“, „nicht ausreichenden“ oder gar „besorgniserregend“, „untragbar“, „unzumutbar“ können hier graduelle Unterschiede kennzeichnen und die Tragweite von Problemen und Schwierigkeiten deutlich machen. Diese Adjektive gilt es jedoch wohl überlegt und mit Vorsicht einzusetzen.

Ihr Sohn/Ihre Tochter ist im Unterricht häufig abwesend/abgelenkt/unaufmerksam.

Ihr Sohn/Ihre Tochter stört seine/ihre Mitschüler.
Ihr Sohn/Ihre Tochter stört den laufenden Unterricht und lenkt Mitschülerinnen und Mitschüler ab.

Ihr Sohn/Ihre Tochter hat wiederholt den Unterricht unentschuldigt versäumt.
Ihr Sohn/Ihre Tochter bleibt häufig dem Unterricht fern.
Ihr Sohn/Ihre Tochter fehlt sehr häufig im Unterricht.
Ihr Sohn/Ihre Tochter hat in den vergangenen zwei Wochen 6x den Unterricht versäumt.

Empfehlenswert ist auch ein genaues Dokumentieren der Versäumnisse und das Belegen mit harten Fakten (Häufigkeit in Zahlen, Datum, Fach usw.)

Ihr Sohn/Ihre Tochter hat zum wiederholten Mal die Hausaufgaben nicht erledigt.
Ihr Sohn/Ihre Tochter kommt häufig unvorbereitet und ohne erledigte Hausaufgaben in den Unterricht.
Ihr Sohn/Ihre Tochter vergisst wiederholt wichtige Unterrichtsmaterialien und kann daher nur sehr eingeschränkt und nicht produktiv am Unterrichtsgeschehen teilnehmen.
Ihr Sohn/Ihre Tochter verweigert jegliche Art der Leistung.

Adjektive wie „häufig“, „fortwährend“, „kontinuierlich“, „wiederholt“, „unablässig“, „stets“, „immer wieder“ können graduelle Unterschiede kenntlich machen.
Zusätzlich ist auch hier das genaue Dokumentieren und Aufzählen der Versäumnisse oder Leistungsverweigerung (Häufigkeit, Datum, Fach usw.) wichtig.

Die schulischen Leistungen Ihres Sohnes/Ihrer Tochter haben sich in der letzten Zeit/während des letzten Halbjahres/während des vergangenen Schuljahres leider deutlich/stark/auffallend/kontinuierlich verschlechtert.

Trotz wiederholter Ermahnungen/umfassender Fördermaßnahmen/individueller Beratung/Unterstützung meinerseits/seitens der Fachkollegin/seitens des Fachlehrers konnten bisher keine signifikanten/nachhaltigen/wirklichen Verbesserungen erzielt werden.

Bisher konnten auch die von mir ergriffenen Fördermaßnahmen/Unterstützungsmaßnahmen keine deutliche Verbesserung erzielen.

Da aufgrund der Leistungsdefizite die Versetzung gefährdet ist, besteht dringender/umgehender Handlungsbedarf.

Da aufgrund der Leistungsdefizite die Versetzung gefährdet ist, möchte ich gerne gemeinsam mit Ihnen die Möglichkeiten Ihres Kindes erörtern.

Deshalb möchte ich gerne gemeinsam mit Ihnen besprechen, wie wir Ihrem Sohn/Ihrer Tochter bestmöglich weiterhelfen können.

Daher möchte ich gerne gemeinsam mit Ihnen überlegen, wie wir Ihren Sohn/Ihre Tochter bei der Verbesserung seiner/ihrer schulischen Leistungen bestmöglich unterstützen können.

> Gemeinsam werden wir sicherlich einen Weg finden, wie wir Ihrem Sohn/Ihrer Tochter helfen können.
>
> Ich bin zuversichtlich, dass sich ein Weg finden lässt, wie wir Ihrem Sohn/Ihrer Tochter helfen können.
>
> Bitte teilen Sie mir zeitnah mit, wann Ihnen der Gesprächstermin am Elternsprechtag am besten passen würde, damit ich eine entsprechende Terminreservierung vornehmen kann.
>
> Ich freue mich auf das Gespräch mit Ihnen.
>
> Mit freundlichen Grüßen

→ *s. S. 39*

Tragen Sie bereits vor Beginn des Elternsprechtages alle verabredeten Termine in eine Tabelle ein. Am Elternsprechtag können Sie diese Liste dann außen an Ihre Tür hängen, damit sie für alle Interessenten einsehbar ist. Dies vermeidet auch, dass alle zwei Minuten an Ihre Tür geklopft wird, weil Außenstehende nicht wissen, ob gerade eine Besprechung im Klassenraum stattfindet. Darüber hinaus können sich wartende Eltern auch in die noch freien Termine an der Liste eintragen. So helfen Sie auch spontan oder kurzfristig eintreffenden Erziehungsberechtigten dabei, den Elternsprechtag für sich etwas besser zu strukturieren. Ein weiteres Exemplar dieser Liste kommt zu Ihren Unterlagen. Dies hilft dabei, Eltern und Erziehungsberechtigte leichter zuzuordnen, wenn diese zu den Terminen erscheinen. Nicht alle dieser Personen werden Ihnen bereits bekannt sein.

Bereiche für zusätzliches Engagement

sich gegenüber Mitbewerbern abheben

Alles, was während des Ausbildungsdienstes von Ihnen er- und bearbeitet, aber auch was zusätzlich und über den normalen Aufgabenbereich hinaus geleistet wird, wirkt sich auf Ihre späteren Chancen aus, im Berufsfeld *Schule* Fuß zu fassen und sich gegenüber der breiten Masse an Mitbewerberinnen/Mitbewerbern positiv abzuheben. Die Abschlussgutachten von Fachleitung, Ausbildungslehrern und Schulleitung sind wichtiger Bestandteil Ihrer Abschlussbenotung. In diese Gutachten fließt zu einem bedeutenden Teil auch Ihr Engagement jenseits des Unterrichts mit ein.

Mögliche Betätigungsfelder, die in der folgenden Tabelle mit konkreten Vorschlägen beispielartig aufgeführt sind, reichen beispielsweise vom Begleiten von Klassenfahrten, dem Betreuen von Schüleraustauschen, der Planung und Organisation außercurricularer Veranstaltungen (Wettbewerbe, Arbeitsgemeinschaften), der Mitarbeit beim Schultheater oder Orchester bis hin zur (Weiter-)Entwicklung des Schulprofils, der Gestaltung und Betreuung der Internetpräsenz der Schule oder der Mithilfe bei der Übermittagsbetreuung.

Betätigungsfelder für zusätzliches Engagement

Art der zusätzlichen Betätigung	Konkrete Tätigkeit	Mögliche Beispiele
Klassenfahrten	Planung, Organisation, Durchführung, Vor-Ort-Betreuung, Nachbereitung, medienwirksame/öffentlichkeitswirksame Dokumentation des Projekts, Integration in das Schulprofil	Klassenfahrten in unterschiedlichen Jahrgangsstufen im In- und Ausland

Art der zusätzlichen Betätigung	Konkrete Tätigkeit	Mögliche Beispiele
Schüleraustausche	Planung, Organisation, Durchführung, Vor-Ort-Betreuung, Nachbereitung, medienwirksame/öffentlichkeitswirksame Dokumentation des Projekts, Integration in das Schulprofil	Austauschprogramme in unterschiedlichen Jahrgangstufen im In- und Ausland (letzteres meist erst in der Oberstufe)
Wettbewerbe (klassen- oder schulintern, aber auch stadtweit, regional, länder- oder bundesweit)	Planung, Organisation, Durchführung, Nachbereitung, Gremienarbeit, Entwicklung einer Agenda bzw. eines Leitfadens, medienwirksame/öffentlichkeitswirksame Dokumentation des Projekts, Integration in das Schulprofil	Lese- oder Schreibwettbewerbe, Kunst- und Wissenschaftsprojekte, „Jugend forscht", Debattierclub, Schreibwerkstatt, etc.
Schüler AG	Planung, Organisation, Durchführung, Integration in das Schulprofil, medienwirksame/öffentlichkeitswirksame Dokumentation des Projekts	hier ist von der Koch-AG, der Modellbau-AG, dem Schachclub, den Mathe-Assen bis hin zur Zaubergilde alles denkbar.
Schultheater oder Orchester	Planung, Organisation, Durchführung, schulinterne bzw. öffentliche Aufführungen, medienwirksame/öffentlichkeitswirksame Präsentation des Projekts	Schul-Big-Band, Schulorchester, Schulchor, Theatergruppe, Sketch-Club, Comedy Club
Schulbibliothek/Schulbücherei	Betreuung der Bibliothek bzw. Bücherei, Akquisition neuer Titel, Verwaltung des Bestandes, medienwirksame/öffentlichkeitswirksame Präsentation des Projekts	Neben der eigentlichen Bibliotheksbetreuung sind auch Projekte, wie z.B. eine „Schulchronik" oder ähnliches denkbar.
Website/Internetpräsenz der Schule	Einrichten, Verwalten Verbessern und Aktualisieren der Internetwebsite, Abstimmung mit dem Schulprofil, wichtiges Medium zur öffentlichkeitswirksamen Präsentation laufender Schulprojekte, Inhalte und Zielsetzungen (Stichwort „Schulprofil")	Zusätzlich zum eigentlichen Betreuen der Website sind Projekte, wie z.B. ein Podcast, Newsletter oder ein offener Schulblog denkbar.
Schulprofil oder fächerspezifische Programme	(Weiter)Entwicklung des Schulprofils, Entwicklung, Planung und Koordination bestimmter fächerspezifischer Programme (z.B. mathematisch/naturwissenschaftlicher, musisch/künstlerischer oder fremdsprachlicher Schwerpunkt)	Stichwort „Europaschule"

Art der zusätzlichen Betätigung	Konkrete Tätigkeit	Mögliche Beispiele
Qualifikationsscheine und Sprachzertifikate	Anbieten von zusätzlichen Qualifikationsscheinen und Zertifikaten, z.B. im Rahmen des Fremdsprachenunterrichts von Sprachzertifikaten (unterschiedliche Niveaustufen möglich), Entwicklung und Durchführung entsprechender Vorbereitungskurse	z.B. Cambridge Certificate, toefl, delf, ele.it
Nachmittagsbetreuung, Hausaufgabenbetreuung	Planung, Organisation, Durchführung, Vor-Ort-Betreuung, Nachbereitung, medienwirksame/öffentlichkeitswirksame Dokumentation des Projekts, Integration in das Schulprofil	Je nach Schultyp sind unterschiedliche Arten der Beteiligung an der Nachmittagsbetreuung oder der Hausaufgabenbetreuung denkbar.
Förder- und Forderunterricht	Planung, Organisation, Durchführung, Vor-Ort-Betreuung, Nachbereitung, medienwirksame/öffentlichkeitswirksame Dokumentation des Projekts, Integration in das Schulprofil	Neben der Betreuung des Förder-/Forderunterrichts kann natürlich auch die Entwicklung lernerspezifischer Unterrichtsmaterialien ein wichtiger Beitrag sein.
Qualitätsmanagement	Überprüfung und ggf. Verbesserung von Qualitätsstandards (z.B. auf der Grundlage des Qualitätstableau der Schulen in NRW), Entwicklung von Mechanismen und Strategien zur Qualitätsanalyse und Verbesserung, Evaluationsmaßnahmen und Umfragen	Konkrete Themenschwerpunkte, die in AG bearbeitet werden können, beinhalten z.B. den Lebens- und Sozialraum *Schule*, das Schulklima, außerschulische Kooperationen, die Professionalisierung von Unterricht und schulischen Angeboten, ...

! *Engagement*

All dies sind Bereiche, in denen Sie sich während des Referendariats engagieren und auch profilieren können, um sich schließlich auch positiv gegenüber potentiellen Mitbewerbern abgrenzen zu können. Diese Tätigkeiten hängen natürlich stark von dem Profil und den Möglichkeiten derjenigen Schule ab, an der Sie Ihr Referendariat absolvieren.

Die folgenden Möglichkeiten werden an meiner Ausbildungsschule angeboten	Ich eigne mich für diesen Bereich besonders, weil...

Einige dieser Aspekte können Sie aber auch zusätzlich in Eigenleistung ins Leben rufen und an Ihrer neuen Schule etablieren. Grundlage können eigene kreative Ideen für die Ausgestaltung des Arbeitsfelds *Schule* oder aber auch bereits bestehende Angebote sein, die Sie z.B. aus früheren Praxisphasen kennen.

Die folgenden Angebote sind mir von anderen Schulen/Schulsystemen bekannt.	Ich eigne mich für diesen Bereich besonders, weil...

Wenn Sie sich nicht sicher sind, welche Art von zusätzlichem Engagement Ihnen entsprechen könnte, können Ihnen die nachfolgenden Fragen vielleicht helfen, sich etwas besser einzuschätzen und zu entscheiden.

Welcher Tätigkeit gehen Sie gerne nach bzw. welche besonderen Hobbies und Interessen verfolgen Sie?	Wie könnten sich Ihre Hobbies und Interessen potentiell in einen für die Schule relevanten Arbeits- oder Projektbereich integrieren lassen?

Zeitmanagement, Erholungs- und Entspannungsphasen

Erfahrungsgemäß wird das Referendariat von vielen Lehramtsanwärtern/Lehramtsanwärterinnen als sehr anstrengende und kräftezehrende Zeit empfunden. Die Umstellung vom noch weitestgehend selbst bestimmten Lern- und Arbeitsalltag im Studium auf den fremd bestimmten und in vielen Bereichen sehr fordernden Zeit- und Arbeitsplan im Berufsfeld *Schule* stellt eine große Herausforderung für viele Berufsanfängerinnen und Berufsanfänger dar. Trotz sorgfältiger Vorbereitung und gutem Zeitmanagement kann es mitunter vorkommen, dass die ein oder andere „Nachtschicht" geschoben werden muss. Auch die Wochenenden sind häufig mit Arbeit ausgefüllt, so dass wenig Rückzugsmöglichkeiten und Ruhephasen verbleiben.

Erholungs- und Entspannungsphasen

Daher ist es essentiell, Erholungs- und Entspannungsphasen – insbesondere auch Zeit für eine Partnerschaft oder den Freundeskreis – mit in Ihre Planung der Referendariatszeit einzubeziehen. Diese Zeiträume sind wichtig, damit Sie Kraft tanken und vor allem angesichts der Arbeitsbelastung den Spaß am Unterrichten und an der Arbeit mit Ihren Schülerinnen und Schülern nicht verlieren. Ausgleichssportarten und lang gepflegte Hobbies und Interessen markieren eine willkommene Abwechslung zum Berufsalltag. Auch wenn es zuweilen zeitintensiv ist, sollten Sie mit diesen Aktivitäten während des Referendariats unbedingt weitermachen. Sie werden schnell merken, wie wichtig es ist und wie gut es tut, bei diesen Dingen einfach abzuschalten und den Kopf frei zu bekommen.

Zeit und insbesondere Zeitmanagement spielt daher eine bedeutende Rolle während des Vorbereitungsdienstes. Gerade damit weiterhin Freiräume für außerberufliche Aktivitäten bleiben, ist auch das Organisieren der Freizeit und des privaten Lebens ein wichtiger Faktor. Nehmen Sie sich Zeit für sich selbst, Ihre Hobbys und Interessen! Dies schreibt und sagt sich leicht. Denn gerade in der Ausbildungszeit will man sich von seiner besten, motiviertesten und belastbarsten Seite zeigen. Doch nur mit der nötigen Energie können lange und besonders intensive Arbeitsphasen bewältigt werden. Gönnen Sie sich daher hin und wieder eine Auszeit und belohnen Sie sich nach anstrengenden Zeiten.

Übersichtspläne und Listen

Nachfolgend finden Sie eine Auswahl an Übersichtsplänen und Listen, die Ihnen bei der Organisation und Planung Ihres Vorbereitungsdienstes helfen sollen. Sie können viele der Pläne und Listen kopieren und dann für Ihren konkreten Arbeitseinsatz personalisieren.

Wichtig: Trotz all ihrer Nützlichkeit ersetzen die nachfolgenden Listen keinen Lehrerkalender oder professionellen Organizer. Dies gehört nach wie vor zu einer der wichtigsten Anschaffungsgegenstände für den Vorbereitungsdienst und den späteren Beruf. Es lohnt sich, hier bei der Auswahl etwas mehr Zeit und Geld zu investieren, da gute Kalender Ihnen unglaublich viel Arbeit abnehmen können.

Der große Vorteil der nachfolgenden Pläne liegt jedoch in der Größe der Arbeitsblätter und folglich dem Platz, den sie auch für komplexere Eintragungen und Vermerke bieten. Viele Informationen können so ohne Blättern und lästiges Umschlagen direkt auf einen Blick erfasst werden. Dies leisten die kleinen Organizer, die Sie zwar stets mit sich führen können, aufgrund der mangelnden Größe nicht. Darüber hinaus haben Sie hier auch einfach den Vorteil, dass bestimmte Blätter mehrfach kopiert werden können, d. h. die Pläne können aktiv für Ihre Planung benutzt werden: Es kann eingetragen, geändert, durchgestrichen und überschrieben werden, denn zur Not wird einfach ein weiteres Blatt kopiert.

Der monatliche Übersichtsplan

Erfahrungsgemäß wird die Zeit während des Referendariats als sehr anstrengend und arbeitsintensiv empfunden. Eine sorgfältige Vorbereitung und Planung dieser Zeit – auch mit entsprechenden Ruhephasen – ist der erste Schritt dahingehend, dass Sie den Vorbereitungsdienst nicht einfach nur überarbeitet, frustriert und demotiviert hinter sich bringen. Manchen Trick und Kniff kann man sich bei erfahreneren Kolleginnen und Kollegen abschauen, „Softskills" weiter ausbauen und verbessern, die eigene Persönlichkeit besser kennenlernen und erfolgreich für sich und andere einsetzen, Fachkenntnisse und Arbeitswissen vertiefen und sich selbst in den unterschiedlichsten Bereichen erproben.

Tragen Sie daher in ein Kalendarium, das Sie ganz einfach personalisieren können, all jene Termine und sonstigen wichtigen Eckdaten ein, über die Sie bereits verfügen. Zusätzliche Termine können dann jederzeit von Ihnen nachgetragen werden. So bewahren Sie jederzeit einen klaren Kopf und behalten eine gute Übersicht über die verschiedenen Phasen Ihres Vorbereitungsdienstes. Machen Sie sich dann am besten auch Kopien Ihrer Monatspläne. Wenn Sie den nötigen Platz im Arbeitszimmer oder an einer Pinnwand im Arbeitsbereich haben, empfiehlt sich das Aufhängen aller Monatspläne, so dass auch die langfristige Planung Ihres Vorbereitungsdienstes jederzeit visuell präsent ist. Bestimmte Punkte und Aufgaben, die Sie bereits erfolgreich abgeschlossen und erledigt haben, können Sie dann entsprechend durchstreichen. So dokumentieren Sie zeitgleich auch Ihren persönlichen Fortschritt. Dies kann Sie zusätzlich motivieren und anspornen!

→ *s. S. 40*

TIPP

Planen Sie rechtzeitig voraus, in welchen Klassenstufen Sie zunächst hospitieren und später arbeiten/eingesetzt werden – insbesondere während der Phasen des eigenverantwortlichen Unterrichts. Gerade wenn Sie für das Studienseminar Ihre Lehrproben/Unterrichtsbesuche in verschiedenen Klassenstufen abhalten müssen, lohnt es sich, etwas vorauszuplanen. In den Phasen des eigenverantwortlichen Unterrichts werden Referendarinnen und Referendare meist von bestimmten Klassenstufen „ferngehalten" (Leistungskurse der 12. Klasse wegen der Abiturvorbereitung o.ä.), so dass ein Besuch bestimmter Klassen zu vorherigen Zeitpunkten sehr wichtig sein kann. Dies ist natürlich stark schulformabhängig. Auch können sich bestimmte Vorgehensweisen von Schule zu Schule unterscheiden. Informieren Sie sich am besten rechtzeitig an Ihrer Ausbildungsschule, z.B. im Gespräch mit Fachkollegen, mit welchen Klassenstufen Sie zu welchem Zeitpunkt rechnen können. Dann können Sie Ihre Unterrichtszeiten und die Unterrichtsbesuche entsprechend planen.

Der Wochenplan

Gleiches wie für die Monatspläne gilt für die vorgeschlagenen Wochenpläne. Auch hier können Sie die Blankovorlagen konkret auf Ihre Bedürfnisse zuschneiden. Gerade während angespannter Arbeitsphasen, an denen z.B. Lehrproben/Unterrichtsbesuche stattfinden, die zuvor noch mit Ausbildungslehrer und Fachleiter besprochen und koordiniert werden müssen, an denen Einladungen an die Schulleitung und die übrigen involvierten Personen erfolgen müssen, die nachbesprochen und evaluiert sein wollen und die – nicht zu vergessen – als wichtige Unterrichtsstunden entsprechend vorbereitet und geplant werden müssen, kann ein detaillierter Wochenplan sehr hilfreich sein.

→ *s. S. 41*

Erfahrungsgemäß hilft es vielen Referendarinnen und Referendaren sehr, diese Fülle an Aufgaben, Terminen und Informationen übersichtlich in einen Wochenplan einzutragen und den Stand der Dinge kontinuierlich nachzuhalten. Denn so wird aus einem häufig als überproportional bedeutend und alles entscheidend wahrgenommenen Moment eine Reihe von kleinen, gut überschaubaren Einzelaufgaben, die sich weitaus einfacher und stressfreier bearbeiten lassen. Es bleibt natürlich die wichtige Aufgabe der Stundenvorbereitung, bei der Ihnen insbesondere Kapitel 7 weiterhelfen wird. Aber das organisatorische Drumherum wird dadurch sehr übersichtlich und böse Überraschungen wie vergessene Dead-

gut überschaubare Einzelaufgaben

lines und auch nächtliche Anrufe bei Fachleitern und Fachlehrern können vermieden werden.
Wenn Sie den Wochenplan regelmäßig für sich einsetzen, kann es darüber hinaus sinnvoll sein, diesen jeden Morgen kurz mit den jüngsten Informationen am Schwarzen Brett abzugleichen: Gibt es überraschende Personalausfälle, so dass Sie Vertretungsunterricht übernehmen müssen? Gibt es spontane Meetings oder Gremientreffen, die äußerst kurzfristig für den Verlauf der Woche angekündigt wurden? Kurzum, alle Informationen, die Sie in letzter Sekunde erreichen, können Sie auf dem Wochenplan für sich notieren.

TIPP

Gerade hinsichtlich der Stundenabrechnung oder der Dokumentation von „Überstunden" in Form von Vertretungsunterricht oder Ähnlichem, aber auch, um für sich selbst darüber Buch zu führen, in welchem Umfang man in welcher Klasse (ebenso Jahrgangsstufe etc.) tätig war, ist diese Art der persönlichen Protokollierung sehr sinnvoll. Es hat sich als hilfreich erwiesen, die eigenen Wochenpläne abzuheften und aufzubewahren. Man kann nie wissen, ob man ansonsten wirklich alles im Kopf behalten kann.

Der Stundenplan

→ s. S. 42

Genau wie die Schüler benötigen auch Sie während des Referendariats einen detaillierten Stundenplan. Neben den Fächern, die Sie unterrichten, sollten Sie auch folgende stets hilfreichen Informationen mit in Ihren Stundenplan aufnehmen: Klasse, Klassenstärke (sinnvoll besonders für die Anzahl von Kopien für Arbeitsblätter, Klassenarbeiten oder Tests usw.) Fachlehrer bzw. Klassenlehrer, Raum, Arbeitsbuch bzw. Lektüre, evtl. notwendige Unterrichtmaterialien.

In die kleineren Kästchen können Sie je nach Bedarf die Pausenlänge zwischen den einzelnen Unterrichtsstunden notieren.

Falls Sie zu bestimmten Zeiten als Pausenaufsicht eingesetzt sind, sollten Sie auch dies mit in Ihren Stundenplan aufnehmen.

Zusätzlich zum fachspezifischen Unterricht können Sie im unteren Teil des Stundenplans auch weitere Aufgabenbereiche, zum Beispiel aus dem offenen Ganztag, festhalten.

Personenlisten, E-Mailverteiler und Netzwerke

Getreu dem Motto „Gemeinsam ist man stärker" empfiehlt es sich auch während des Vorbereitungsdienstes in kleinen Teams zu arbeiten. Daher ist es sehr wichtig, sich bereits im Studienseminar und später auch an der Ausbildungsschule mit den anderen Referendarinnen und Referendaren zu vernetzen. Fragen und Probleme lassen sich dann gemeinsam in Angriff nehmen. Erfahrungswerte so wie Tipps und Tricks können untereinander ausgetauscht werden. Empfehlungen für Betreuungslehrerinnen und -lehrer oder Mentorinnen und Mentoren können ausgesprochen werden. Gerade in der Anfangsphase ist man so auch weniger isoliert und allein mit all den neuen Eindrücken und Herausforderungen der Ausbildungssituation konfrontiert.

Im Laufe des Referendariats können Sie sich im Arbeitsteam oder in Kleingruppen auch erstes Feedback z.B. zu Unterrichtsentwürfen oder Reihenplanungen einholen, bevor diese Informationen „offiziell" an Fachlehrer, Betreuer oder die Fachleitung weitergegeben werden. Diese Art von Rückmeldung kann sehr hilfreich sein. Auch was erste eigene Unterrichtsversuche und selbst gehaltene Stunden angeht, können Mitreferendarinnen und -referendare mit in Ihrem Unterricht sitzen und Ihnen auch dazu konkrete Rückmeldungen geben. Für beide Seiten gibt es hier viel zu lernen. Genauere Vorschläge dazu finden Sie im Kapitel zur Hospitationsphase bzw. zur Unterrichtsgestaltung. Ziel dieses Austausches ist es, möglichst frühzeitig Rückmeldungen zur eigenen Arbeitsweise zu erhalten bzw. ein Auge dafür zu entwickeln, wie guter Unterricht gelingt und wo sich Schwierigkeiten verbergen, wo Probleme entstehen können und wie diese dann produktiv in Angriff genommen und überwunden werden können.

Nicht weniger wichtig ist eine Vernetzung mit den Fachlehrerinnen und -lehrern an der Ausbildungsschule. Zu den Fachlehrerinnen und -lehrern, bei denen Sie im Laufe des Referendariats im Unterricht gerne hospitieren möchten und in deren Klassen Sie ebenfalls gerne auch Unterrichtsteile und ganze Unterrichtseinheiten unterrichten möchten, sollten Sie von Anfang an einen guten Kontakt pflegen. Deshalb sollten Sie sich auch möglichst direkt zu Beginn des Referendariats bei allen Fachkolleginnen und -kollegen persönlich als neue Referendarin/neuer Referendar vorstellen. Kein Kollege sieht es gern, wenn er sehr kurzfristig von einem neuen Referendar zwecks Unterrichtshospitation angesprochen wird wenn dieser es nicht einmal für nötig befunden hat, sich vorzustellen und mögliche Unterrichtsübernahmen frühzeitig abzuklären.

von Anfang an guten Kontakt pflegen

Tragen Sie die wichtigsten Eckdaten von Adressen, Telefonnummern, E-Mail-Adressen bis zur Fächerkombination Ihrer Co-Referendarinnen und -Referendare in Listen zusammen. Die Listen können Sie im Studienseminar sowie direkt an der Schule herumgehen lassen, oder Sie sprechen die betroffenen Personen direkt persönlich an. Erfahrungsgemäß erhalten Sie an der Ausbildungsschule eine Kollegiumsliste (manchmal sogar direkt mit Foto), was Ihnen den Einstieg an der neuen Schule erleichtern soll. Dennoch können Sie zusätzlich eine eigene Liste verwenden, wenn z.B. nicht alle Informationen in der Kollegiumsliste enthalten sind, die Sie für wichtig erachten (z.B. Fächerkombinationen oder Ähnliches). Notieren Sie sich – gerade bei den Fachkollegen – auch, welche Klassen derzeit unterrichtet werden und ob es sich um Grundkurse (GK) oder Leistungskurse (LK) handelt. Hilfreich kann es hierbei sein, die Fachkolleginnen und -kollegen um einen Ausdruck oder eine Kopie ihres Stundenplans zu bitten. Dies kann Ihnen bei der Planung helfen.

→ s. S. 44

Wichtige Listen für den praktischen Schulalltag

Für die Organisation des schulischen Alltags, die bei der Arbeit in und mit unterschiedlichen Schulklassen einen hohen Stellenwert einnimmt, ist es unabdingbar, sorgfältig vorauszuplanen, einen guten Überblick zu bewahren sowie die jeweiligen Inhalte und Sachverhalte gründlich zu ordnen und regelmäßig zu dokumentieren. Um Ihnen diese Organisation, Planung und Dokumentation zu erleichtern finden Sie nachfolgend eine ganze Reihe unterschiedlicher Listen für den Klassenalltag, die sich in der Praxis sehr bewährt haben und auf die Sie als Referendarin/Referendar häufig zurückgreifen werden.

Die Listen reichen von Klassen- bzw. Schülerlisten, über Formulare für Telefon- und E-Mailkontakte (z.B. für Telefonketten oder eine Mailingliste), detaillierte Adresslisten, Notfalllisten (z.B. für das Verwalten von Informationen zu Krankheiten, Allergien oder Intoleranzen bestimmter Schülerinnen und Schüler), Formblätter für das Nachhalten von schülerseitigen Fehlstunden oder das Dokumentieren von Zuspätkommen bis hin zu Listen für den Elternabend oder die Elternpflegschaftsversammlung.

Schüler(in):	Klasse:
Fach:	
Schriftliche Leistungen: Mündliche Leistungen: Sozial- & Lernverhalten: Entwicklungen & Tendenzen: Ergriffene Fördermaßnahmen: Sonstige Bemerkungen: Vorschläge zur Verbesserung der Leistung:	

Elternsprechtag

Sprechzimmer von ____________________________

Uhrzeit	Name

Monat: ______________________

1	8	15	22	29
2	9	16	23	30
3	10	17	24	31
4	11	18	25	
5	12	19	26	
6	13	20	27	
7	14	21	28	

Zeitraum	Montag	Dienstag	Mittwoch	Donnerstag	Freitag	Wochenende
7:00						
8:00						
9:00						
10:00						
11:00						
12:00						
13:00						
14:00						
15:00						
16:00						
17:00						
18:00						
19:00						
20:00						
21:00						
22:00						

Stundenplan (Schuljahr ________________)

Zeit	Montag	Dienstag	Mittwoch	Donnerstag	Freitag
1. Stunde					
2. Stunde					
3. Stunde					
4. Stunde					
5. Stunde					
6. Stunde					
7. Stunde					
8. Stunde					
9. Stunde					
10. Stunde					
11. Stunde					
12. Stunde					

Zusätzliche Termine (Übernachmittagsbetreuung, Hausaufgabenbetreuung usw.)					
Zeit	Montag	Dienstag	Mittwoch	Donnerstag	Freitag

Name	Vorname	Fächer	Klasse	GK	LK	E-Mail/Telefonnummer	Erreichbarkeit

Klasse: ____________ Klassenlehrer(in): ______________________________

Datum: ____________ Fach: ______________________________

	Nachname	Vorname	w	m	Geburtsdatum	Bemerkungen
1						
2						
3						
4						
5						
6						
7						
8						
9						
10						
11						
12						
13						
14						
15						
16						
17						
18						
19						
20						
21						
22						
23						
24						
25						
26						
27						
28						
29						
30						
31						
32						

Klasse: ____________ Klassenlehrer(in): ____________________________________

Datum: ____________

	Nachname	Vorname	Straße	Wohnort
1				
2				
3				
4				
5				
6				
7				
8				
9				
10				
11				
12				
13				
14				
15				
16				
17				
18				
19				
20				
21				
22				
23				
24				
25				
26				
27				
28				
29				
30				
31				
32				

Klasse: ____________ Klassenlehrer(in): ____________________________________

Datum: ____________

	Nachname	Vorname	Festnetz	Mobil	E-Mail Adresse
1					
2					
3					
4					
5					
6					
7					
8					
9					
10					
11					
12					
13					
14					
15					
16					
17					
18					
19					
20					
21					
22					
23					
24					
25					
26					
27					
28					
29					
30					
31					
32					

Liebe Eltern, bitte rufen Sie diejenige Person an, die unter Ihnen in der Tabelle steht.

Beginn der Telefonkette: Anruf der Klassenlehrerin/des Klassenlehrers			
▼	▼	▼	▼
1. ▼	2. ▼	3. ▼	4. ▼
5. ▼	6. ▼	7. ▼	8. ▼
9. ▼	10. ▼	11. ▼	12. ▼
13. ▼	14. ▼	15. ▼	16 ▼
17. ▼	18. ▼	19. ▼	20. ▼
21. ▼	22. ▼	23. ▼	24. ▼
25. ▼	26. ▼	27. ▼	28. ▼
29. ▼	30. ▼	31. ▼	32. ▼
Ende der Telefonkette: Anruf an Klassenlehrerin/Klassenlehrer			

Klasse: ____________ Klassenlehrer(in): ____________________________________

Datum: ____________

	Nachname	Vorname	Krankheit/Allergie/Intoleranz	Kontaktperson/Erreichbarkeit
1				
2				
3				
4				
5				
6				
7				
8				
9				
10				

Klasse: ____________ Klassenlehrer(in): ______________________________

Datum: ____________ Unterrichtsfach: ______________________________

Nr.	Name										
		F	F	F	F	F	F	F	F	F	F
		Z	Z	Z	Z	Z	Z	Z	Z	Z	Z
		F	F	F	F	F	F	F	F	F	F
		Z	Z	Z	Z	Z	Z	Z	Z	Z	Z
		F	F	F	F	F	F	F	F	F	F
		Z	Z	Z	Z	Z	Z	Z	Z	Z	Z
		F	F	F	F	F	F	F	F	F	F
		Z	Z	Z	Z	Z	Z	Z	Z	Z	Z
		F	F	F	F	F	F	F	F	F	F
		Z	Z	Z	Z	Z	Z	Z	Z	Z	Z
		F	F	F	F	F	F	F	F	F	F
		Z	Z	Z	Z	Z	Z	Z	Z	Z	Z
		F	F	F	F	F	F	F	F	F	F
		Z	Z	Z	Z	Z	Z	Z	Z	Z	Z
		F	F	F	F	F	F	F	F	F	F
		Z	Z	Z	Z	Z	Z	Z	Z	Z	Z
		F	F	F	F	F	F	F	F	F	F
		Z	Z	Z	Z	Z	Z	Z	Z	Z	Z
		F	F	F	F	F	F	F	F	F	F
		Z	Z	Z	Z	Z	Z	Z	Z	Z	Z
		F	F	F	F	F	F	F	F	F	F
		Z	Z	Z	Z	Z	Z	Z	Z	Z	Z
		F	F	F	F	F	F	F	F	F	F
		Z	Z	Z	Z	Z	Z	Z	Z	Z	Z
		F	F	F	F	F	F	F	F	F	F
		Z	Z	Z	Z	Z	Z	Z	Z	Z	Z
		F	F	F	F	F	F	F	F	F	F
		Z	Z	Z	Z	Z	Z	Z	Z	Z	Z
		F	F	F	F	F	F	F	F	F	F
		Z	Z	Z	Z	Z	Z	Z	Z	Z	Z

Z: **Zuspätkommen** (notieren Sie das Ausmaß des Zuspätkommens in Minuten)
F: **Fehlstunde** (markieren Sie mit einem Kreuz eine Fehlstunde)

Klasse: ____________ Klassenlehrer(in): ____________________________________

Datum: ____________

	Nachname	Vorname	Festnetz	Mobil	E-Mail Adresse
1					
2					
3					
4					
5					
6					
7					
8					
9					
10					
11					
12					
13					
14					
15					
16					
17					
18					
19					
20					
21					
22					
23					
24					
25					
26					
27					
28					
29					
30					
31					
32					

Gremium/Arbeitsgemeinschaft: ____________________

Klasse: __________ Klassenlehrer(in): ____________________

Datum: __________

	Nachname	Vorname	Festnetz	Mobil	E-Mail Adresse
1					
2					
3					
4					
5					
6					
7					
8					
9					
10					
11					
12					
13					
14					
15					

4. Die neue Schule: Tipps für den erfolgreichen Einstieg

Ein klassischer erster Schultag ist es nicht, aber gewisse Parallelen lassen sich doch ziehen. Ein Neubeginn steht schließlich auch mit dem Beginn des Referendariats an. Damit Sie sich möglichst schnell in dieser neuen Situation zurechtfinden, folgen im Anschluss einige Hinweise und Anregungen. Wenn Sie eine gute Ausbildungsschule mit einer sorgfältigen Betreuung der Referendarinnen und Referendare erwischen, sind einige der folgenden Anmerkungen für Sie wahrscheinlich eine Selbstverständlichkeit. Dennoch wird sicherlich auch der eine oder andere Tipp für Sie dabei sein.

Folgende Dinge sollten Sie beachten, wenn Sie neu an die Ausbildungsschule kommen:

Sich vorstellen

Dass sich eine neue Referendarin/ein neuer Referendar im Kollegium vorstellt, ist – so traurig diese Bemerkung anmuten mag – heute leider keine Selbstverständlichkeit mehr. Dabei ist gerade der erste Eindruck, den Sie auf das zukünftige Kollegium machen, so wichtig. Wenn Sie also nicht offiziell von der Schulleitung oder von Fachkollegen in das Kollegium eingeführt werden, liegt es in Ihrem Aufgabenbereich, sich entsprechend als neues Mitglied des Kollegiums vorzustellen und bekannt zu machen. Wie Sie dies im Einzelnen machen, bleibt Ihnen überlassen. Aber erfahrungsgemäß bieten sich zum Anfang eines neuen Schul- oder Halbjahres viele Möglichkeiten, um einmal kurz auf sich aufmerksam zu machen.

sich als neues Mitglied des Kollegiums vorstellen

Wichtig ist dabei, wie bereits erwähnt, insbesondere die erste Kontaktaufnahme zu Ihren potentiellen Fach- und Ausbildungslehrern. Hier sollten Sie möglichst frühzeitig Sondierungsgespräche für die ersten Unterrichtshospitationen und später das Sammeln eigener Unterrichtserfahrungen führen. Eine rechtzeitige Koordination der Besuche ist wichtig, weil Sie meist unterschiedliche Schulstufen und Klassen besuchen möchten und müssen. Auch die Kolleginnen und Kollegen wollen Ihren Unterricht vorausplanen und die Klassen müssen entsprechend vorbereitet werden. Ebenso müssen Sie sich auf die Klassen und neuen Kolleginnen und Kollegen, deren Arbeitsweisen, Erwartungen und Anforderungen einstellen, sowie in die Themen, die in den jeweiligen Klassen bearbeitet werden, einarbeiten. Dies alles benötigt Zeit und eine sorgfältige Planung ist daher der notwendige erste Schritt. Und all dies können Sie bereits bei einem ersten Sondierungsgespräch vorsichtig ansprechen. Konkretere Pläne lassen sich dann im Anschluss leicht erarbeiten.

Die Referendarskolleginnen und -kollegen

Der erste Kontakt und das Vorstellen sollte auch unbedingt bei den Referendarskolleginnen und -kollegen erfolgen. Gerade diejenigen Referendarinnen und Referendare, die bereits in weiter fortgeschrittenen Stadien ihrer Lehramtsausbildung sind, werden sicherlich Tipps für Sie als Neueinsteigerin/Neueinsteiger haben. Darüber hinaus gibt es hier auch meist gute Hinweise darauf, wer sich an der Ausbildungsschule besonders um die Belange und Interesse der Referendarinnen und Referendare kümmert, welche Fachlehrerinnen und -lehrer einen guten Ausbildungsunterricht anbieten und zu wem man einen besonders guten Kontakt pflegen sollte. Kurzum, unter diesen Gleichgesinnten gibt es häufig viele nützliche Informationen, die Ihnen den Einstieg an der neuen Schule erleichtern können.

TIPP

Achten Sie jedoch darauf, dass Sie sich, gerade weil dies zu Anfang meist einfacher ist, nicht ausschließlich mit den übrigen Referendarinnen und Referendaren bekannt machen und sich dann nur in dieser Gruppierung bewegen. Es ist wichtig, dass Sie sich als Teil des gesamten Kollegiums verstehen und sich daher entsprechend positionieren. Ein ausschließliches „Grüppchenbilden“ mit den übrigen „Neuen“ ist da nicht unbedingt förderlich. Eine gute Mischung ist erfahrungsgemäß die bessere und daher ratsamere Variante.

sich als Teil des gesamten Kollegiums verstehen

Sekretariat, Hausmeister, Sozialarbeiter, Schulpsychologe

Nicht vergessen! Neben der Schulleitung und den Kolleginnen und Kollegen sind noch weitere wichtige Personen an einer Schule tätig. Je nach Schulgröße und Schultyp sind nicht nur natürlich ein Sekretariatsteam und ein Hausmeister vor Ort, sondern gegebenenfalls auch Sozialarbeiter oder Schulpsychologen. Mit vielen dieser Personen werden Sie im Laufe Ihres Referendariats gelegentlich einmal zusammenarbeiten oder auf deren Hilfe, Unterstützung oder Expertise angewiesen sein. Deshalb ist es ratsam, sich im Laufe der ersten Wochen auch hier einmal persönlich vorzustellen.

Kollegiumsliste/Referendarskollegenliste

→ s. S. 57

Wenn Sie an Ihrer Ausbildungsschule keine oder nur eine eingeschränkte Liste mit den an der Schule tätigen Personen erhalten, ist es ratsam, diese Personenlisten selbst zusammenzustellen. Die Liste am Ende des Kapitels kann Ihnen dabei helfen. In der Rubrik „Tätigkeit“ können Sie dann notieren, in welcher Funktion die- oder derjenige an der Schule tätig ist.

Diese Liste sollten Sie kopieren und in einem Exemplar möglichst immer bei sich haben. Darüber hinaus können Sie diese Informationen, das Einverständnis der erfassten Personen vorausgesetzt, auch an Ihre Referendarskolleginnen und -kollegen weitergeben. Das spart Zeit und reduziert etwaige Anfragen bei den verschiedenen Zielgruppen drastisch.

TIPP

Aktualisieren Sie die Liste in regelmäßigen Abständen.

Meine neue Schule

Zu Beginn des Ausbildungsdienstes gilt es auch, sich mit den örtlichen Gegebenheiten an der Ausbildungsschule vertraut zu machen. Dies bezieht sich zum einen auf das Schulgebäude selbst. Dazu zählen die wichtigsten Anlaufstellen, z.B. das Lehrerzimmer, das Sekretariat und das Geschäftszimmer, und zum anderen natürlich die Räume, in denen Sie arbeiten werden, also die Klassenzimmer, Kunst- und Arbeitsräume die Sprechzimmer, die Bibliothek, die Sport- und Schwimmhalle sowie die Mensa, wenn vorhanden. Nicht zu vergessen ist auch der Medienraum, in dem z.B. CD-Player, Fernsehschränke, Beamer oder tragbare Tageslichtprojektoren aufbewahrt werden.

mit Gegebenheiten frühzeitig vertraut machen

Wenn Sie sich mit diesen Gegebenheiten frühzeitig vertraut machen, vermeiden Sie unnötiges Suchen von Unterrichtsräumen unter Zeitdruck und damit eventuelles Zuspätkommen für Hospitationsphasen oder den eigenen Unterricht. Auch sollten Sie sich für die Pausenaufsicht mit den Gegebenheiten der einzelnen Schulhöfe vertraut machen. Ebenfalls wichtig sein können Informationen zu den Schulparkplätzen.

Eine zentrale Anlaufstelle, die Sie kennen müssen, ist natürlich das schulinterne Mitteilungsbrett oder das *Schwarze Brett*, das sich in seiner allgemeinen Variante meist im Hauptflur oder der Eingangshalle sowie in seiner internen Funktion im Lehrerzimmer befindet. Hier werden Sie über schulrelevante Projekte und Abläufe informiert, auf Veranstaltungen hingewiesen, an Termine erinnert sowie über kurzfristige Änderungen in Kenntnis gesetzt. Der allmorgendliche Blick auf das *Schwarze Brett* wird schnell zur Routine.

„Schulprogramm" oder „Leitbild der Schule"

Ebenso wichtig sind für Sie natürlich die konzeptionellen und „ideologischen" Gegebenheiten Ihrer neuen Schule. Erfüllt die Schule ein bestimmtes Leitbild oder Prinzip? Welches Gesamtkonzept vertritt die Schule nach außen? Wie stellt sich die Schule öffentlichkeitswirksam dar und wie präsentiert sich die Schule? Was kennzeichnet Ihre neue Schule und wodurch zeichnet sie sich gerade im direkten Vergleich zu anderen Schulen aus? Welche Projekte werden an Ihrer Ausbildungsschule regelmäßig durchgeführt und verfolgt? Welche besonderen Interessen werden vertreten?

Mit diesen Fragen können Sie sich bereits vor dem ersten tatsächlichen Besuch im Schulgebäude informieren. Ein Blick auf die Homepage, den Präsentationskatalog oder die Broschüre der Schule, sofern vorhanden, ermöglicht hier eine schnelle Information rund um diese Fragen.

Auch die wichtigsten Eckdaten Ihrer neuen Schule, wie z.B. Kollegiumsgröße, Schülerzahl, Anzahl der Klassenzüge, Partnerschulen und -projekte sowie das übergeordnete Leitbild sollten Sie kennen. Häufig ergeben sich im Laufe der Berufsausbildung Gespräche, in denen diese Informationen relevant sein können.

Schulordnung

Darüber hinaus ist es auch wichtig, sich über die geltenden Vorschriften und Regeln der neuen Schule zu informieren. Die Schulordnung kann über einige Dinge in diesem Bereich Auskunft geben. Ebenso wichtig sind interne Abläufe und Absprachen was zum Beispiel die Reservierung von Räumen oder Medien angeht. Jede Schule handhabt diese Dinge anders. Damit Sie sich möglichst schnell zurechtfinden, sollten Sie hierzu eine erfahrene Kollegin/einen erfahrenen Kollegen oder Ihre Mit-Referendarinnen und -Referendare befragen. Halten Sie sich an die Absprachen und Reservierungen, die Sie vor Ort vorfinden, selbst wenn Sie es aus vorherigen Praktika anders gewöhnt sein mögen.

„Dresscode"

Außerdem sind Informationen zu einem „Dresscode" oder einer inoffiziellen Kleidungsordnung sehr hilfreich. Ein paar ungeschriebene Regeln gibt es immer, die es zu beachten gilt. Gehen Sie hier einfach mit offenen Augen durch die Schule und halten Sie sich auch hier an die Tipps und Hinweise von erfahrenen Kolleginnen und Kollegen.

Zwei weitere Aspekte, das „Networking" und das „Socializing" – also das bewusste Erschaffen von sozialen Netzwerken bzw. Vernetzungen – können ebenfalls für Sie von Belang sein. Natürlich können Bekanntschaften und daraus erwachsende Freundschaften nicht forciert werden. Es kann aber gerade im Berufsalltag sehr nützlich sein, einen guten Kontakt mit seinen Arbeitskolleginnen und -kollegen zu pflegen. Vielleicht ergeben sich ja bei ersten Gesprächen bereits Hinweise auf gemeinsame Interessen oder Hobbies, denen man auch in Kleingruppen innerhalb des Kollegiums nachgehen kann.

Weg zur Arbeit

Pünktlichkeit

Auch wenn es etwas übertrieben klingen mag, ist es eine gute Idee den Weg zum Arbeitsplatz vor Arbeitsbeginn einmal genau zu durchdenken, zu planen bzw. tatsächlich einmal Probe zu fahren. Pünktlichkeit ist in allen Berufen ein wichtiges Kriterium und gerade als Lehrerin bzw. Lehrer sind Sie auch für Ihre Schulklassen in dieser Hinsicht ein absolutes Vor- und Leitbild. Planen Sie deshalb mögliche Verzögerungen mit ein und kalkulieren Sie realistisch. Berufsverkehr und Probleme bei den öffentlichen Verkehrsmitteln sollten Sie deshalb genauso berücksichtigen wie die sich ändernden Witterungsbedingungen, z.B. Glatteis im Winter.

Im übertragenen Sinne ist der Weg zur „Arbeit" auch der Weg zum Klassenraum. Klingt banal, aber gerade zu Beginn des Referendariats sollten Sie sich, wie bereits zuvor angedeutet, mit den örtlichen Gegebenheiten der Schule und den Klassenräumen vertraut machen. Nichts ist unangenehmer als das Zuspätkommen in den eigenen Unterricht oder während Hospitationen bei Fachkollegen und Ausbildungslehrerinnen und -lehrern.

TIPP

Gerade wegen der morgendlichen Staus am Schulkopierer sollten Sie Ihren Unterricht möglichst frühzeitig planen und auch alle Arbeitsmaterialien (inkl. Kopien der Arbeitsblätter) für die ersten Stunden spätestens am Abend vorher zusammengestellt haben. Dies sorgt für die nötige Entspannung am Schul- und Unterrichtstag selbst und unterstützt Sie darin, pünktlich zum Unterricht zu erscheinen.

Name	Vorname	Tätigkeit	E-Mail	Telefonnummer	Erreichbarkeit	Sonstiges

5. Nützliches für den Alltag

Berufskleidung am Arbeitsplatz „Schule"?

Auch in der Schule gibt es eine Art stillen Dresscode. Die Erfahrung hat gezeigt, dass es deshalb Sinn macht, sich vor dem Antritt des Referendariats bzw. Ausbildungsdienstes auch Gedanken zu seinem ersten optischen Eindruck in Sachen Kleidung und persönlichem Auftreten zu machen. Mit dem Beginn des Referendariats sind Sie nach langjährigem Studium in der Arbeitswelt angekommen. Ein Teil der Professionalität und Ernsthaftigkeit gegenüber der beruflichen Tätigkeit, dem Arbeitgeber und dem eigenen Arbeitsverständnis wird auch über die eigene visuelle Präsenz, wie Wahl der Berufskleidung, vermittelt; insbesondere bei Lehrerinnen und Lehrern, die für heranwachsende Menschen ein Vorbild sein wollen.

Das bedeutet nicht, dass man in Businessdress oder Anzug zur Schule gehen muss. Schlappen oder ausgelatschte Sportschuhe müssen aber auch nicht unbedingt sein. Jeder Mensch hat seinen eigenen Kleidungs- und Präsentationsstil und konkrete Empfehlungen wären deshalb wenig förderlich. Ein gepflegtes und ordentliches äußeres Erscheinungsbild gehört zu einem guten Arbeitsethos. Dies sollten Sie in der Wahl Ihres beruflichen Kleidungsstils berücksichtigen. Sie werden ohnehin sehr schnell in der Praxis feststellen, was für einen Kleidungsstil Ihr Arbeitgeber von Ihnen erwartet.

Häufig hilft auch die Frage: „Würde ich das auch zu meinem ersten Unterrichtsbesuch anziehen? Oder zur Lehrerkonferenz? Oder am Elternsprechtag?" Wenn Sie normalerweise im „Schlabberlook" unterrichten, dann aber feststellen, dass Sie sich für bestimmte Events und Veranstaltungen optisch herausputzen, sollten Sie einmal darüber nachdenken, was Sie damit Ihren Schülerinnen und Schülern bzw. Ihren Kolleginnen und Kollegen gegenüber suggerieren. Auch sie sollten es Ihnen wert sein, dass Sie sich stets von Ihrer besten Seite zeigen.

Die perfekte Schultasche?

Wenn es einen sinnvollen Anschaffungsgegenstand für die Arbeit im Berufsfeld *Schule* gibt, dann ist dies wohl eine solide und praktische Schultasche. Die perfekte Schultasche, die wirklich alle Anforderungen an den Alltagseinsatz in der Schule erfüllt, gibt es wahrscheinlich nicht. Zu verschieden sind doch die individuellen Wünsche und Erwartungen der Zielgruppe. Denn es kommt immer auch stark darauf an, welche Fächer Sie an der Schule unterrichten und welche Hauptkriterien die Schultasche für Sie erfüllen soll. Da eine Schultasche meist eine recht teure Investition darstellt – da können schon mal gerne 150 Euro (Tendenz steigend) zusammenkommen – sollte eine Anschaffung wohl überlegt sein.

Folgende Kriterien sollte auch Ihre Schultasche erfüllen: Stabil sollte die Tasche sein, und viel Stauraum sollte sie haben. Aber gleichzeitig darf die Tasche selbst auch nicht zu schwer sein. Ein pflegeleichtes Material – z.B. Leder oder Synthetik – wäre schön. Lange halten soll die Tasche bei dem Anschaffungspreis natürlich auch. Mindestens ein Aktenordner sollte hineinpassen, eher zwei. Einzelne Fächer und entsprechende Unterteilung sollten ebenfalls vorhanden sein. Einen möglichst haltbaren Tragegurt und entsprechend reißfeste und bruchfeste Clips an der Tasche wären ebenfalls wünschenswert. Die wichtigsten Schulbücher sollten hineinpassen. Ein Fach mit Reißverschluss, z.B. für wichtige Dokumente oder Ihr Netbook/Notebook, wäre auch nicht verkehrt. Damit auch alles gut geschützt ist und den widrigsten Witterungsumständen Stand hält, wäre es außerdem sinnvoll, wenn die Tasche wasserdicht oder zumindest wasserabweisend wäre. Ein paar kleinere Fächer für z.B. Stifte oder sonstige Arbeitsmaterialien wären empfehlenswert. Wenn Mobiltelefon und Portmonee auch noch gut geschützt darin unterzubringen wären, wäre das sehr hilfreich. Platz für eine Wasserflasche oder eine Thermoskanne für Kaffee oder Tee – am besten in einem separaten Fach – sowie für eine kleine Stärkung sollte auch vorhanden sein. Wie Sie die Tasche zur Schule transportieren, mit dem Auto, auf dem Fahrrad, in öffentlichen Verkehrsmitteln, kann ebenfalls entscheidend für die Auswahl sein.

Das wären zumindest die wichtigsten praktischen Grundvoraussetzungen, die eine Schultasche erfüllen sollte. Und schön sollte man sie auch finden.

! Um die Kaufentscheidung etwas zu erleichtern, können Sie in das folgende Schaubild Ihre Hauptanforderungen an Ihre Schultasche eintragen. Dann müssen Sie sich „nur" noch auf die Suche nach einer Tasche begeben, die diese Kriterien erfüllt.

Meine Traum-Schultasche

(Entwurf: Reinhild Kassing, Kassel, www.reinhildkassing.de)

Organizer und Kalender

Auch bei diesem wichtigen Hilfsmittel, ohne das es schwierig ist, in der Phase der Lehramtsausbildung den Überblick zu bewahren, lohnt es sich, etwas mehr in Qualität und vor allem Praktikabilität zu investieren. Der Vorteil an etwas hochpreisigeren Kalendern bekannter Marken liegt insbesondere darin, dass diese sich nicht nur jedes Jahr durch entsprechende Kalendarien und andere Einlagen erneuern bzw. ergänzen lassen, sondern auch dass sie mit Hilfe solcher einzelnen Sets einen hohen Grad an Individualisierung zulassen. Gerade für Lehrerinnen und Lehrer gibt es zahlreiche Anbieter, die bereits Kalender und Organizer mit sehr guten Formblättern und Zusatzbögen anbieten, in die sich Schülerlisten, Noten von Klausuren und Tests, Halbjahresübersichten, Wochenpläne, Listen für Hausaufgaben oder Anwesenheit sowie Bemerkungen und Aufzeichnungen zu mündlicher Mitarbeit usw. eintragen lassen. Dies kann Ihnen die Arbeit im Schulalltag bedeutend erleichtern. Daher lohnt es sich, die Augen beim Kauf dieses nützlichen Utensils aufzuhalten und ein möglichst optimales Produkt auszuwählen. Daran werden Sie dann auch längerfristig Ihre Freude und vor allen Dingen praktischen Nutzen haben.

Ganz wichtig: eine Uhr!

Nicht in jedem Klassenraum einer Schule hängt eine Uhr. Und wenn doch, dann ist es nicht selten so, dass die Uhr entweder überhaupt nicht funktioniert oder die Uhrzeit falsch anzeigt. Beachten Sie auch, dass die Uhr im Klassenraum auch von Schülerinnen oder Schülern verstellt werden kann, was die Planung und Durchführung des Unterrichts stark beeinträchtigen kann. Daher sollten Sie immer eine Uhr tragen.

Nützliches Arbeitsmaterial für den Schulalltag

Egal welches Fach Sie unterrichten werden: Die folgenden Arbeitsmaterialien benötigt jede gute Lehrerin und jeder gute Lehrer. Und gerade im Ausbildungsunterricht wo mit viel Elan und kreativer Begeisterung eigene Ideen umgesetzt und erprobt werden, ist das nötige „Handwerkszeug" unglaublich wichtig. Erfahrungsgemäß ermöglichen die Materialien und Hilfsmittel, die im Folgenden aufgelistet sind, einen guten Start in die Praxis.

Es macht wenig Sinn, Hals über Kopf mit der Liste einkaufen zu gehen. Sie sollten zuvor einmal erproben, was Sie wirklich dringend benötigen und welche Arbeitsmaterialien die Schule stellt bzw. was Sie bereits in Ihrem Arbeitsfundus haben. Ansonsten kann so eine „Erstausstattung" ziemlich teuer werden. Bedenken Sie daher bitte auch, dass die Liste von einem Idealzustand ausgeht.

→ s. S. 66

Einkaufsliste		
Arbeitsmaterial	Anzahl	Gekauft
Notizblock	____	☐
Füller	____	☐
Kugelschreiber	____	☐
Lineal	____	☐
Bleistifte	____	☐
Radiergummi	____	☐
Anspitzer	____	☐

Klebstoff	____	❑
Post its	____	❑
Aktenordner	____	❑
Schnellhefter	____	❑
Locher	____	❑
Schere	____	❑
Schreibpapier (liniert, kariert, blanko)	____	❑
Filzstifte	____	❑
Buntstifte	____	❑
Fineliner	____	❑
Folienstifte	____	❑
Boardmarker	____	❑
Korrekturstifte (rot, grün, blau)	____	❑
Kopierfolien	____	❑
Klarsichthüllen	____	❑
Tacker	____	❑
Büroklammern	____	❑
Pappkarton (diverse Farben)	____	❑
Tonkarton (diverse Farben)	____	❑

Was die Arbeit deutlich erleichtert (einige Geräte hat jede Schule vor Ort).
Laptop (+USB Stick, Laserpointer), ggf. Netbook
Drucker
Scanner
Kopiergerät

Für die Erstellung von eigenem Arbeitsmaterial sind folgende Arbeitsmittel sehr hilfreich:

Locher/Tacker
Laminiergerät
Papierschneidemaschine
Spiralbinder

Nicht alle Arbeitsmaterialien müssen gekauft werden; jedoch werden sie im Alltag häufig gebraucht. Wenn kein Copyshop oder Druckcenter in der Nähe ist und auch die Schule nicht mit dem entsprechenden Material und den Geräten ausgestattet ist, sollte man über eine Anschaffung nachdenken, wenn man merkt, dass man das Gerät oder Material häufiger benutzt bzw. es einem bei der Vorbereitung wirklich fehlt.

Zur Beruhigung: Arbeitsmittel können steuerlich geltend gemacht werden!

No-Goes im Berufsalltag und Unterricht

Wer glaubt, dass die im Folgenden aufgelisteten Hinweise zu absoluten No-Goes aus dem Berufsalltag *Schule* lediglich erfunden sind, der irrt sich leider. Dies alles ist schon vorgekommen und hat sich wenig positiv auf die Beurteilungen der betroffenen Referendarinnen und Referendare ausgewirkt! Wenn Vieles davon für Sie selbstverständlich ist – umso besser.

Kaugummikauen: Kaugummikauen während der Hospitation von Unterricht ist schon eine unhöfliche und äußerst irritierende Handlung. Aber wenn Sie als Lehrerin oder Lehrer im Unterricht selbst vor der versammelten Klasse Kaugummi kauen, ist dies absolut inakzeptabel.

Essen im Unterricht: Hier gilt das Gleiche wie für das Kaugummikauen. Sowohl in der Hospitationsphase als auch während des eigenen Unterrichts wird natürlich nicht gegessen. Das ist ja schließlich kein Picknick!

Einschlafen: Das Einschlafen im Unterricht ist für Schülerinnen und Schüler schon peinlich genug. Selbst wenn in einer Hospitation, einer Stillarbeitsphase im Unterricht oder während einer Konferenz einmal „die Luft raus" ist und es etwas ruhiger und vielleicht langweilig wird, ist das Einschlafen oder Einnicken in diesen Momenten auch für Lehrerinnen und Lehrer kein gutes Zeichen. Also, lieber einmal kurz raus auf den Pausenhof und tief durchatmen.

Mobiltelefon: Handy an und auch noch 'rangehen! Schlimmer geht es kaum. Natürlich bleibt das Telefon im Unterricht und bei Hospitationen ausgeschaltet. Den Schülerinnen und Schülern ist dies während des Unterrichts auch nicht gestattet. An vielen Schulen gibt es ein generelles Handy- oder MP3-Player-Verbot. Aus gutem Grund. Das Klingeln stört den Ablauf des Unterrichts erheblich. Natürlich ist auch das Checken von SMS während der Hospitation oder des eigenen Unterrichts absolut fehl am Platz. So wichtig wird es schon nicht sein.

Caps und Mützen: Auch wenn Caps und Mützen Teil Ihres privaten Outfits und Kleidungsstils sein mögen, haben diese Accessoires in Schule und Unterricht nichts verloren, es sei denn, Sie geben gerade im Sportunterricht Hip-Hop Kurse oder haben eine Skate-AG. Kurzum: Caps und Mützen gehören in die Schul- oder Jackentasche.

Fluchen und Schimpfwörter: Zu unserer Vorbildfunktion als Lehrerin oder Lehrer gehört auch ein adäquater Sprachgebrauch. Fluchen oder das Verwenden von Schimpfwörtern insbesondere im Unterricht und im direkten Kontakt mit Schülerinnen und Schülern ist absolut unangebracht.

„Dissen": Wikipedia schreibt dazu richtig: Das umgangssprachliche Verb *dissen*, hauptsächlich von Jugendlichen verwendet, bedeutet *jemanden schlechtmachen, jemanden schräg anmachen, respektlos behandeln* oder *jemanden schmähen*. In unserem Falle: Das „Dissen", also Schlechtmachen, von Arbeitskolleginnen und -kollegen (auch Mobbing genannt, wenn es unter Arbeitskollegen stattfindet) oder Schülerinnen und Schülern gegenüber ihren Mitschülerinnen und -schülern ist respektlos und absolut unangebracht. Dazu zählen auch das Verbünden mit Schülern gegenüber Lehrerkollegen sowie das abfällige Reden über Kollegen in Anwesenheit von Schülern. Ein höflicher und korrekter Umgangston ist und bleibt das Herzstück eines positiven Arbeitsverhältnisses.

Streitereien und Differenzen: Streitereien und Differenzen, egal ob beruflicher oder sogar privater Natur, in der Öffentlichkeit auszutragen, schickt sich nicht. Unstimmigkeiten sollten in kleinem Kreise und vor allen direkt mit den betroffenen und involvierten Parteien oder Personen geklärt werden.

Privatgespräche: Gerade wenn Sie nicht alleine im Unterricht hospitieren, sondern vielleicht in Begleitung einer Co-Referendarin oder eines Co-Referendars, dann sollten Sie sich auch ausschließlich auf die Hospitation des Unterrichtsgeschehens bzw. Ihre jeweilige Beobachtungsaufgabe konzentrieren. Privatgespräche stören den Verlauf des Unterrichts und lenken Lehrende und Lernende gleichermaßen ab.

Unpünktlichkeit: Pünktlichkeit ist nicht nur eine Tugend, sondern für uns Lehrerinnen und Lehrer mit Vorbildfunktion eine wichtige Eigenschaft. Zuspätkommen im Unterricht ist bei Schülerinnen und Schülern genauso tadelnswert wie bei uns selbst. Auch das frühere Verlassen oder Beenden des Unterrichts ist nicht korrekt. Dass es immer auch einmal Ausnahmen gibt, steht völlig außer Frage; jedoch ist das Einhalten der Unterrichtszeiten, das pünktliche Erscheinen zum und zeitgemäße Beenden des Unterrichts Grundvoraussetzung für einen erfolgreichen Unterricht. Auch für das Hospitieren gilt diese selbstverständliche Regelung. Ansonsten bringt dies Störungen für den Unterrichtsablauf mit sich. Respektlos gegenüber den Kollegen und Schülern ist es übrigens auch. Wenn Sie unbedingt immer zu spät kommen müssen, dann aber doch bitte auch bei Ihren Unterrichtsbesuchen und Lehrproben, damit Sie entsprechend mit den Konsequenzen konfrontiert werden.

Unzuverlässigkeit: Egal in welchem Zusammenhang – Unzuverlässigkeit ist eine Eigenschaft, die Sie sich im Berufsalltag nicht leisten können. An Absprachen und Zusagen mit Fachkolleginnen und -kollegen und der Schulleitung aber auch gegenüber Ihren Schülerinnen und Schülern sollten Sie sich unbedingt halten. Vereinbarte Termine, Treffen oder Fristen können nicht einfach „auf den letzten Drücker“ abgesagt werden. Unentschuldigtes Fernbleiben von Verabredungen oder Nichteinhaltung gemachter Zusagen ist absolut inakzeptabel. Nur wenn Sie selbst mit gutem Beispiel voran gehen, können Sie wichtige Grundregeln wie Verlässlichkeit und Pünktlichkeit auch von Ihrer Klasse einfordern.

Zum Abschluss: Check- und To-Do-Listen

→ s. S. 65

Nach all diesen Informationen und Hinweisen zur ersten Organisation des anstehenden Referendariats und Tipps für den Schulalltag, finden Sie hier noch einmal eine kurze „Checkliste“ bzw. „To-Do-Liste“ aufgeführt, die Sie möglichst frühzeitig in Ihre Planung des Vorbereitungsdienstes mit einbeziehen sollten. Sobald etwas erledigt wurde, können Sie dies einfach „abhaken“ und mit dem nächsten Punkt fortfahren.

Alternativ können Sie zu der vorgeschlagenen Liste auch eine eigene Liste mit Bearbeitungsschwerpunkten erstellen.

Sich der Schulleitung, den neuen Kolleginnen/Kollegen, den Co-Referendarinnen/Co-Referendaren, dem Sekretariatsteam, Hausmeister und ggf. Schulpsychologen/Sozialarbeitern und weiteren Teammitgliedern vorstellen Kollegiumsliste Fachlehrerliste (erste Sondierungsgespräche) Referendarsliste	❑
Orientierung vor Ort Lehrerzimmer Sekretariat Geschäftszimmer Klassenzimmer Medienraum Schulhöfe Schulparkplätze Schwarzes Brett	❑
Gegebenheiten am neuen Arbeitsplatz Leitbild Prinzipien/Grundwerte Übergeordnetes Gesamtkonzept Öffentlichkeitswirksame Präsentation Projekte Eckdaten Kollegiumsgröße Schülerzahl Anzahl der Klassenzüge Partnerschulen	❑
geltenden Vorschriften und Regeln	❑
Schulordnung	❑
No-Goes im Berufsalltag	❑
Weg zur Arbeit	❑
Kauf und Einrichtung von Organizer bzw. Kalender	❑
Berufskleidung Schultasche Uhr	❑
Arbeitsmaterial für Schule und Unterricht	❑

Arbeitsmaterial	Anzahl	Gekauft
Notizblock	____	❑
Füller	____	❑
Kugelschreiber	____	❑
Lineal	____	❑
Bleistifte	____	❑
Radiergummi	____	❑
Anspitzer	____	❑
Klebstoff	____	❑
Post its	____	❑
Aktenordner	____	❑
Schnellhefter	____	❑
Locher	____	❑
Schere	____	❑
Schreibpapier (liniert, kariert, blanko)	____	❑
Filzstifte	____	❑
Buntstifte	____	❑
Fineliner	____	❑
Folienstifte	____	❑
Boardmarker	____	❑
Korrekturstifte (rot, grün, blau)	____	❑
Kopierfolien	____	❑
Klarsichthüllen	____	❑
Tacker	____	❑
Büroklammern	____	❑
Pappkarton (diverse Farben)	____	❑
Tonkarton (diverse Farben)	____	❑

6. Unterrichtsbeobachtung und Hospitation! Aber wie?

Der klassische Einstieg in den Ausbildungsdienst erfolgt zu einem großen Teil durch die Hospitation im Fachunterricht. Für viele Referendarinnen und Referendare steht diese Frühphase in dem Ruf, dass sie wenig produktiv und instruktiv für den Ausbildungsdienst sei. Hinten in einer Klasse zu sitzen und mitzuschreiben wirkt in der Tat wenig produktiv. Diese Einschätzung trifft aber nur auf eine laienartige Betrachtung der Unterrichtshospitation zu. Wie Sie auf den folgenden Seiten sehen und auch im Studienseminar erfahren werden, ist die Hospitationsphase, wenn Sie richtig vorbereitet und als reflektierter Prozess eingesetzt wird, der ideale Einstieg in die Ausbildung zur Lehrerin oder zum Lehrer. Das qualitative *Wie* des Hospitierens macht hier den Unterschied.

reflektierter Prozess

Zur ersten Vorbereitung oder als Einstieg haben Sie im Folgenden die Aufgabe, basierend auf ersten Erfahrungen aus der Praxis, die Sie z.B. während Ihres Studiums in Ihren Praktika oder aber auch in anderen Bereichen gesammelt haben, in Form einer „Mindmap" die verschiedenen Bereiche schulischen Unterrichts zu sammeln und zu sortieren, die Sie während einer Unterrichthospitation beobachten können. Versuchen Sie dabei auch gleich, Kategorien zu finden, entsprechend der Sie bestimmte Aspekte einordnen können. Sie können auch die Zusammenhänge von diesen Kategorien oder Unterpunkten durch Linien oder Pfeile andeuten.

!

Mindmap

SCHULUNTERRICHT

Anhand des von Ihnen selbst erstellten Schaubilds können Sie deutlich erkennen, dass eine Beobachtung bzw. Hospitation immer Gefahr läuft, eine stark subjektive Tätigkeit zu sein. Die Zeichnung, die Sie angefertigt haben, spiegelt sicherlich Ihre eigenen Interessen und Erwartungshaltungen gegenüber dem Schulunterricht wieder und gibt auch Auskunft darüber, was Sie bereits selbst gelernt und verinnerlicht haben. Zum Teil wird auch deutlich, worauf es Ihnen in einem guten Unterricht ankommt.

Wie vielfältig die einzelnen Aspekte schulischen Unterrichts aber formal ausfallen, können Sie an der nachfolgenden Aufstellung ablesen. Wie auch in Ihrer Mindmap sind die Beobachtungspunkte nach Kategorien sortiert und in Unterpunkte und Aspekte gegliedert.

Wenn Sie beim Durchgehen der Liste feststellen, dass Sie bestimmte Aspekte bereits in ihrer Mindmap aufgeführt und auch umfassend erarbeitet und recherchiert haben, können Sie diese Punkte abhaken. Sollten Sie aber bemerken, dass ein Aspekt vorkommt, der Ihnen noch völlig unbekannt ist oder bei dem Sie dringend Optimierungs- oder Klärungsbedarf sehen, dann sollten Sie diesen Punkt mit einem Ausrufezeichen markieren.

! *Hospitations-Agenda entwickeln*

Auf der Grundlage dieser Angaben können Sie später Ihre Hospitations-Agenda (vgl. S. 76ff.) entwickeln und so eine individuell auf Ihre Bedürfnisse zugeschnittene, produktive Hospitationsphase planen und durchführen.

Mögliche Beobachtungspunkte bei der Unterrichtshospitation

1. Aufbau und Gliederung der Stunde

- ❑ Wie wird die Stunde begonnen oder eingeleitet?
  - Anknüpfung an die Inhalte der letzten Stunde?
  - Einstieg durch Überprüfung der Hausaufgaben?
  - Einstieg durch Zusammenfassung der Inhalte der letzten Stunde durch die Lehrerin oder den Lehrer?
  - Einstieg durch Befragen von Schülerinnen und Schülern zur vergangenen Stunde?
  - Einstieg durch eine Einleitungsfrage/einen Bildimpuls?
  - Besonderer Unterrichtsbeginn bei einem Neueinstieg in ein Unterrichtsthema oder eine Unterrichtsreihe ?
  - Sonstiges
- ❑ Ist der Aufbau der Stunde formal klar strukturiert und gegliedert?
  - Bauen einzelne Unterrichtselemente aufeinander auf?
  - Ist die Abfolge logisch und nachvollziehbar?
- ❑ Ist der Aufbau der Stunde inhaltlich klar strukturiert und gegliedert?
  - Bauen die einzelnen Unterrichtselemente inhaltlich auf einander auf?
  - Wird die inhaltliche Entwicklung zu einem Unterrichtsziel hin deutlich?
- ❑ Wird der Stundenaufbau gegenüber den Schülerinnen und Schülern zu Beginn der Stunde mitgeteilt?
  - Wenn ja, wie und in welchem Ausmaß?
  - Worin liegen die Vor- bzw. Nachteile dieser Herangehensweise?
  - Was passiert, wenn bestimmte Unterrichts(teil)ziele nicht erreicht werden?
- ❑ Ordnet sich der Unterricht nach bestimmten Unterrichtsphasen (Einführungsphase/Eröffnungsphase, Präsentationsphase, Übungsphase, Anwendungsphase/Transferphase, Schlussphase/Ausgangsphase)?
- ❑ Gibt es Überleitungen zwischen oder Hinführungen zu den verschiedenen Unterrichtsphasen?
- ❑ Welche Gewichtung gilt den verschiedenen Unterrichtsphasen (z.B. Wiederholung von Wissen, Neueinführung bestimmter Inhalte, der Festigung oder Übung des Gelernten)?

- ❑ Sind die einzelnen Unterrichtsabschnitte und Unterrichtsphasen gut verknüpft oder entstehen Brüche zwischen diesen Teilen des Unterrichts?
- ❑ Gibt es einen Spannungsbogen in der Entwicklung im Unterricht?
- ❑ Wie sieht es mit dem Zeitmanagement aus?
  - War die Stunde in sinnvolle Zeitabschnitte gegliedert?
  - War die Zeitplanung realistisch?
  - Gab es Zeitüberschreitungen?
  - Wie wurde mit Zeitüberschreitungen bzw. zeitlicher Fehlplanung umgegangen?
  - Wie erfolgreich konnten der Aufbau und die Gliederung der Stunde umgesetzt werden?
  - Gab es Alternativen zu dem „einen" Aufbau bzw. der „einen" Gliederung?
  - Konnte trotz konkreten Aufbaus der Stunde flexibel auf Abweichungen vom „Plan" oder Änderungen reagiert werden?
- ❑ Wie wird die Stunde beendet oder abgeschlossen?
  - Gibt es ein bestimmtes Abschlussritual?
  - Wird das Stundenziel noch einmal zum Abschluss zusammengefasst (lehrer- oder schülerseitig)?
  - Gibt es eine Hausaufgabe, die den Abschluss der Stunde bildet und ggf. zur nächsten Stunde überleitet?
  - Gibt es ein explizites Ende der Stunde oder endet die Stunde abrupt mit dem Gong?

2. Sozial- und Aktionsformen sowie deren Zusammenspiel und Variationen

- ❑ Welche verschiedenen Sozial- und Aktionsformen werden im Unterricht eingesetzt?
- ❑ Welche Art von Sozialform wird verwendet? Frontalunterricht, Einzelarbeit, Partnerarbeit, Teamarbeit, Arbeit in Klein- oder Großgruppen?
- ❑ Welche Art von Aktionsform wird verwendet? Präsentation, Dialog...?
- ❑ Findet eine Methodenvarianz statt? D.h. werden Mischungen und Wechsel der einzelnen Sozial- und Aktionsformen im Unterricht eingesetzt oder dominieren bestimmte Formen?
- ❑ Wie werden die Sozial- und Aktionsformen angekündigt bzw. eingeleitet?
- ❑ Wie werden die Ergebnisse aus Arbeiten in unterschiedlichen Sozial- und Aktionsformen zusammengeführt und gesichert?
- ❑ Werden bei bestimmten Sozialformen die Schülerinnen und Schüler betreut (z.B. bei Gruppenarbeit, Einzelarbeit oder Partnerarbeit)? Wenn ja, wie betreut die Lehrerin bzw. der Lehrer die einzelnen Schüler?
- ❑ Trägt die gewählte Sozial- oder Aktionsform zur Binnendifferenzierung des Unterrichts bei?
- ❑ Ist der Einsatz der gewählten Sozial- oder Aktionsform berechtigt oder hätten sich andere Varianten eher angeboten?
- ❑ Korrelieren die gewählten Formen mit dem Inhalt der Unterrichtsarbeit?
- ❑ Ist das Interaktionsverhältnis zwischen Lehrerin bzw. Lehrer und den Schülerinnen und Schülern ausgeglichen? Oder dominiert eine „Partei" das Unterrichtsgeschehen?
- ❑ Handelt es sich um handlungsorientiertes, produktionsorientiertes, prozessorientiertes, entdeckendes, spielendes, evaluierendes, entwickelndes usw. Lernen?
- ❑ Wird selbständiges Arbeiten gefördert?
- ❑ Ist ein individuelles Arbeitstempo möglich?

3. Aufgaben- und Fragestellung

- ❑ Sind die Arbeitsanweisungen klar und verständlich formuliert?
- ❑ Ist die Aufgabenstellung eindeutig?
- ❑ Erlaubt die Aufgaben- und Fragestellung binnendifferenziertes Arbeiten?

- ❑ Gibt es unterschiedliche Schwierigkeitsgrade in der Aufgabenstellung, die Differenzierung ermöglichen?
- ❑ Welche Impulse werden durch die Aufgaben- und Fragestellung gesetzt?
- ❑ Gibt es innerhalb der Abfolge von verschiedenen Aufgabenstellungen eine Progression?
- ❑ Spricht die Aufgaben- und Fragestellung mehrere Lernkanäle an?
- ❑ Wird die Aufgaben- und Fragestellung den Anforderungen mehrerer Lernertypen gerecht?
- ❑ Ist die jeweilige Aufgaben- und Fragestellung in den unterrichtlichen Kontext eingebettet?
- ❑ Wie verhält es sich mit der Gewichtung von offenen gegenüber geschlossenen Fragen und Aufgabentypen?
- ❑ Erlaubt die Aufgaben- und Fragestellung schülerseitige Interpretationen?
- ❑ Ist die jeweilige Aufgaben- und Fragestellung zielgerichtet?
- ❑ Sind die Arbeitsanweisungen formal und inhaltlich korrekt?
- ❑ Sind die Arbeitsanweisungen adressatengerecht formuliert?
- ❑ Sind die Arbeitsanweisungen fragend, entwickelnd, induktiv, deduktiv…?
- ❑ Werden die Aufgaben- und Fragestellungen ausschließlich von der Lehrerin/dem Lehrer vorgegeben oder entwickeln die Schülerinnen und Schüler ebenfalls eigene Aufgaben- und Fragestellungen?
- ❑ Erfolgt eine Sicherung der Ergebnisse? Wenn ja, in welcher Form?
- ❑ Erwachsen abschließend Hausaufgaben aus dem Unterricht?
- ❑ Weisen die Hausaufgaben einen klaren Bezug zum vorausgegangen Unterricht auf oder dienen die Hausaufgaben nur dem Selbstzweck von „Hausaufgaben“?
- ❑ Wird der Unterricht durch vorausgehende/vorbereitende Hausaufgaben eingeleitet?
- ❑ Überbrücken die Hausaufgaben einzelne Unterrichtsteile/Unterrichtselemente?
- ❑ Wird die Erledigung der Hausaufgaben durch den Lehrer überprüft? Wenn ja, in welcher Form?

4. Methodenvielfalt und Materialauswahl

- ❑ Welche Medien/Materialien werden im Unterricht eingesetzt (Tafel, Schulbuch, Arbeitsblatt, Schau- und Instruktionskarten, Overheadprojektor, Bild- und Tonträger)?
- ❑ In welchem Ausmaß werden Unterrichtsmedien eingesetzt?
- ❑ Mit welchem Zweck werden Unterrichtsmedien eingesetzt (Unterstützung des Inhalts, Visualisierung und Veranschaulichung von abstrakten Sachverhalten, Erweiterung der Lernkanäle, Sammeln von Antworten und Schülereindrücken, Sicherung von Ergebnissen usw.)?
- ❑ Optimiert der Medieneinsatz den Unterrichtsverlauf (Struktur, Lerninhalt…)?
- ❑ Werden Materialien oder Medien zum Üben, Widerholen oder Differenzieren eingesetzt?
- ❑ Unterstützt der Medieneinsatz Lernerautonomie?
- ❑ Resultiert der Materialeinsatz in Binnendifferenzierung?
- ❑ Welche Arbeits- und Lerntechniken werden durch die Medien verbessert?
- ❑ Verfügen die Arbeitsmaterialien über interne Kontrollmechanismen/Kontrollmöglichkeiten?
- ❑ Werden unterschiedliche Lernwege berücksichtigt?
- ❑ Wird durch den Materialeinsatz ein bestimmter „Authentizitätsgrad“ des Lerninhalts erreicht?
- ❑ Werden die Materialien und Medien intentional, also zielgerichtet eingesetzt oder erscheint der Medieneinsatz willkürlich?
- ❑ Ist der Medieneinsatz zweckgebunden und beinhaltet daher weitere, nützliche Informationen, die den Unterricht voranbringen?

- ❑ Werden die Arbeitsmaterialien und Medien kontext- und situationsgebunden eingesetzt?
- ❑ Sind die gewählte Materialien und Medien adressatengerecht?
- ❑ Lässt der Medieneinsatz Kohäsion und Kohärenz erkennen?
- ❑ Hat der Material- und Medieneinsatz dienende Funktion für die Veranschaulichung unterrichtlicher Lehrinhalte oder wird der Inhalt durch die Material- und Medienauswahl bestimmt?
- ❑ Welche weiteren Zwecke des Medieneinsatzes lassen sich im Unterricht erkennen (Entspannung durch Hintergrundmusik, Begleitung von Ruhephasen durch Musik)?
- ❑ Wird ein Lehrbuch, ein Arbeitsbuch o.ä. herangezogen? Wie weit wird der Unterrichtsverlauf davon bestimmt?

5. Unterrichtssprache und Gesprächsführung

- ❑ Wie würden Sie die Unterrichtssprache charakterisieren (abgehoben, adressatengerecht, freundschaftlich, distanziert, salopp, aggressiv usw.)?
- ❑ Äußert sich die Lehrerin/der Lehrer klar und deutlich? Ist die Lehrperson gut zu verstehen?
- ❑ Spricht die Lehrperson angemessen laut, zu laut oder zu leise?
- ❑ Spricht die Lehrperson fehlerfrei und korrekt?
- ❑ Wird in zusammenhängenden, vollständigen Sätzen gesprochen oder gibt es fragmentarische Äußerungen?
- ❑ Finden Unterbrechungen statt oder ist eine positive Gesprächsführung bzw. Redekultur erkennbar?
- ❑ Wie ist der Redeanteil im Unterricht aufgeteilt? Dominieren die Lehrerin/der Lehrer oder die Schülerinnen und Schüler? Oder ist der Redeanteil gut verteilt und ausgewogen?
- ❑ Ist die Gesprächsführung natürlich oder stark von Impulsen der Lehrperson bestimmt?
- ❑ Ist die Unterrichtssprache stark oder schwach lehrerzentriert?
- ❑ Ist die Unterrichtssprache stark oder schwach schülerzentriert?
- ❑ Wie wird im Unterricht mit Fehlern umgegangen?
- ❑ Wird vom Lehrer korrigiert? Wenn ja, in welcher Form, in welchem Umfang und in welcher Qualität?
- ❑ Wird schülerseitig korrigiert? Wenn ja, in welcher Form, in welchem Umfang und in welcher Qualität?
- ❑ Wird unaufgefordert oder aufgefordert korrigiert?
- ❑ Werden lehrer- oder schülerseitig Hilfestellungen und Tipps gegeben?
- ❑ Wie wird mit korrekten Antworten umgegangen?
- ❑ Fasst die Lehrperson richtige Antworten noch einmal zusammen (Gefahr: „Lehrerecho". Das bloße inhaltlich gleiche Wiedergeben/Wiederholen der Schülerantwort bringt keinen didaktischen Mehrwert)?
- ❑ Werden von der Lehrperson korrekte Antworten noch einmal in einen größeren Sinnzusammenhang gestellt?
- ❑ Wie vergewissert sich die Lehrperson über den Lernstand/Erfahrungsstand der Schülerinnen und Schüler?
- ❑ Überprüft die Lehrperson, ob alle Schülerinnen und Schüler im Unterricht „mitkommen"? Wenn ja, wie?
- ❑ Gibt die Lehrerin/der Lehrer Rückmeldungen zu Äußerungen der Schülerinnen und Schüler?
- ❑ Wird Lob und Anerkennung ausgesprochen? Wenn ja, in welcher Form?
- ❑ Wird Kritik ausgesprochen? Wenn ja, in welcher Form?

- ❑ Wie wird mit Unterbrechungen und Störungen im Unterricht umgegangen?
- ❑ Welche Arten von nonverbaler Kommunikation können Sie erkennen?
- ❑ Welche Arten von Körpersprache erkennen Sie bei den Schülerinnen und Schülern?

6. Verhaltensweisen der Lehrerin/des Lehrers

- ❑ Welche Haltung nimmt die Lehrperson gegenüber der Klasse ein?
- ❑ Mit welcher Körpersprache, Gestik und Mimik begegnet die Lehrperson der Klasse?
- ❑ Welche Ausstrahlung, welches Auftreten lässt sich bei der Lehrperson feststellen?
- ❑ Welche Sprache bzw. sprachlichen Eigenschaften lassen sich feststellen (freies Reden, ablesen, „Kleben" am Buch, Tonfall, Lautstärke, Verständlichkeit, Sprachniveau, Füllwörter, sprachliche Sicherheit/Unsicherheit)?
- ❑ Wie positioniert sich die Lehrerin/der Lehrer im Unterricht? Blickfeld und Blickrichtung (zu Schülern, Tafel usw.), Standort (vor der Klasse, mitten im Klassenraum, hinten in der Klasse), Bewegungen (starr an einer Position, flexibel je nach Unterrichtssituation, stehend, sitzend, am Pult lehnend)?
- ❑ Welche Rolle nimmt die Lehrperson gegenüber der Klasse ein (Dozent, Fachperson, „Wissensquelle" bzw. „Ressource", Berater, Mediator ...)?
- ❑ Welche Hauptcharaktereigenschaften würden Sie gemessen am Unterrichtsverhalten der Lehrperson zuschreiben (freundlich, engagiert, hilfsbereit, ehrlich, tolerant, kooperativ usw.)?
- ❑ Welche Fachkompetenz würden Sie der Lehrperson attestieren?
- ❑ Wirkt die Lehrperson inhaltlich sicher und kompetent?
- ❑ Trägt die Lehrperson in ihrem Auftreten zu einer positiven Einstellung gegenüber dem Fach/Lerninhalt bei?
- ❑ Ist die Lehrperson in der Lage, auf unterrichtliche Entwicklungen flexibel und spontan zu reagieren?
- ❑ Wie reagiert die Lehrperson auf Unterbrechungen oder Störungen des Unterrichts?
- ❑ Wie beteiligt ist die Lehrerin/der Lehrer am Unterrichtsgeschehen?
- ❑ Wie aufmerksam ist die Lehrerin/der Lehrer während des Unterrichts? Was entgeht dem Blick der Lehrerin/des Lehrers?
- ❑ Wie behandelt die Lehrerin/der Lehrer die Schülerinnen und Schüler?
- ❑ Werden alle Schülerinnen und Schüler gleich behandelt?
- ❑ Gibt es Lieblingsschülerinnen oder Lieblingsschüler?
- ❑ Verhält sich die Lehrerin/der Lehrer fair gegenüber der Klasse?
- ❑ Gibt es Situationen, in denen Sie sich anders verhalten würden? Wenn ja, welche? Und wie würden Sie reagieren?
- ❑ Gibt es Situationen, in denen Sie das Verhalten der Lehrperson Sie besonders beeindruckt hat? Wenn ja, in welcher Situation und warum?
- ❑ Ist die Lehrerin/der Lehrer eine positive Identifikationsfigur für die Schülerinnen und Schüler? Wenn ja, wodurch erzielt die Lehrperson diesen Status?

7. Verhaltensweise der Schülerinnen und Schüler

- ❑ Welche Haltung nehmen die Schülerinnen und Schüler gegenüber der Lehrperson ein?
- ❑ Mit welcher Körpersprache, Gestik und Mimik begegnet die Klasse/einzelne Schülerinnen und Schüler der Lehrperson?
- ❑ Wie positionieren sich die Schülerinnen und Schüler im Unterricht (z.B. bei Gruppenarbeit, Präsentationen usw.)? Blickfeld und Blickrichtung (zu Mitschülern, Tafel, etc.), Standort (vor der Klasse, mitten im Klassenraum, hinten in der Klasse), Bewegungen (starr an einer Position, flexibel je nach Unterrichtssituation, stehend, sitzend, am Pult lehnend)?

- ❑ Wie reagieren die Schülerinnen und Schüler auf Unterbrechungen oder Störungen des Unterrichts?
- ❑ Wie beteiligt sind die Schülerinnen und Schüler am Unterrichtsgeschehen?
- ❑ Wie aufmerksam ist die Klasse während des Unterrichts? Was versäumen einzelne Schülerinnen und Schüler?
- ❑ Arbeitet die Klasse konzentriert?
- ❑ Arbeitet die Klasse ausdauernd?
- ❑ Arbeitet die Klasse interessiert?
- ❑ Arbeitet die Klasse mit der oder gegen die Lehrperson?
- ❑ Entsteht Unruhe in der Klasse? Wenn ja, wodurch? Wie würden Sie reagieren?
- ❑ Wie behandeln die Schülerinnen und Schüler die Lehrperson (respektvoll, kritisch, abschätzig, abwertend, inspirierend usw.)?
- ❑ Wie behandeln die Schülerinnen und Schüler sich untereinander (respektvoll, kritisch, abschätzig, abwertend, inspirierend usw.)?
- ❑ Sind Gruppierungen/Cliquen innerhalb der Klassengemeinschaft erkennbar? Wenn ja, welchen Einfluss hat dies auf das Unterrichtsgeschehen?
- ❑ Fallen bestimmte Hierarchien in der Klassengemeinschaft auf? Wenn ja, welchen Einfluss hat dies auf das Unterrichtsgeschehen?
- ❑ Gibt es Lieblingsmitschülerinnen oder Lieblingsmitschüler?
- ❑ Fallen einzelne Schülerinnen oder Schüler im Unterricht in irgendeiner Weise besonders auf? Wenn ja, wodurch?
- ❑ Werden bestimmte Schülerinnen oder Schüler ausgegrenzt oder gehänselt?
- ❑ Gibt es einen „Klassenclown"? Wenn ja, wodurch zeichnet sich sein oder ihr Verhalten aus? Wie würden Sie mit dieser Schülerin/diesem Schüler umgehen?
- ❑ Gibt es einen „Klassenbully/Störenfried"? Wenn ja, wodurch zeichnet sich sein oder ihr Verhalten aus? Wie würden Sie mit dieser Schülerin/diesem Schüler umgehen?
- ❑ Gibt es Situationen, in denen das Verhalten der Klasse Sie besonders beeindruckt hat? Wenn ja, in welcher Situation und warum?

8. Verschiedenes

- ❑ Welche Lernbedingungen herrschen in der Klasse vor (Raum, Tische, Stühle, Medien, Arbeitsbereiche wie Leseecke oder Recherccheecke)?
- ❑ Wie setzt sich die Lerngruppe zusammen (Gruppengröße, Verteilung Mädchen-Jungen, Alter…)?
- ❑ Gab es Störungen außerhalb des Unterrichts (Lärm usw.), die das Unterrichtsgeschehen beeinflusst haben?
- ❑ Gab es Ablenkungen (Bauarbeiten, besondere Witterungsverhältnisse wie Schnee oder Gewitter, die den Unterricht beeinflusst haben?
- ❑ Was fällt sonst auf oder wird vermisst?

Hospitationsaufgaben: Eigene Schwerpunktsetzung

Wie Sie sehen können, gibt es zahlreiche unterschiedliche Aspekte im Unterricht, die während einer Hospitationsphase beobachtet werden können. Die Menge an Informationen, die bei einer Unterrichtsbeobachtung verarbeitet werden muss, deutet bereits darauf hin, dass es unmöglich ist, alle Aspekte des Unterrichts gleichzeitig zu verfolgen, zu dokumentieren und auszuarbeiten.

Es ist daher notwendig, sich vor dem Hospitationsbeginn eine klare Aufgabenstellung vorzunehmen, die dann konkret und isoliert behandelt und ausgewertet wird. Das heißt nicht, dass nur jeweils ein einziger Aspekt beobachtet werden kann, aber eine Schwerpunktsetzung ist unumgänglich. Sie können anhand von selbst formulierten Leitfragen zu bestimmten Kategorien (z.B. Schülerverhalten, Medieneinsatz oder Sozial- und Aktionsformen) arbeiten.

Die nachfolgenden Hospitationsbögen, die teilweise schon konkrete Beobachtungsvorschläge, Bewertungskategorien und Raster für die Auswertung der Ergebnisse beinhalten, können Ihnen bei einer Vielzahl von Unterrichtshospitationen den Einstieg erleichtern und Ihnen helfen, Ihre Beobachtungen übersichtlich zu dokumentieren und nachhaltig zu sichern. Dabei finden Sie sowohl Vorschläge für strukturierte, jedoch offene Ereignisprotokolle, thematisch selektive Protokolle zu unterschiedlichen Themen und Inhalten sowie Verlaufs- und Polarisationsprotokolle zu Unterrichtsverläufen, zum Sozialverhalten der Schülerinnen und Schüler sowie Evaluationsbögen für das Verhalten und Auftreten der Lehrperson.

Darüber hinaus können Sie auf der Grundlage der vorausgegangenen Beobachtungspunkte und der vorformulierten Bögen sehr einfach weitere Hospitationsbögen erstellen, die Ihren eigenen Ansprüchen gerecht werden.

Hospitationsverlauf und -fortschritt dokumentieren

Mittels eigener Listen können Sie Ihren Hospitationsverlauf und -fortschritt dokumentieren. Die Bereiche, mit denen Sie bereits vertraut sind, können Sie schon jetzt abhaken. Alle weiteren Aspekte, die Ihnen wichtig sind, können Sie im Laufe Ihrer Hospitationsphase vertiefen und Ihren Kenntnisstand in diesen Bereichen erweitern.
Alternativ können Sie auch eine individuelle Liste an Hospitationsaufgaben erstellen, wobei Ihnen ein Blick in die obigen Listen sowie die Agenden auf den Seiten 76ff. helfen kann.

→ *s. S. 68ff.*

Die zum Teil vorgefertigten Hospitationsbögen (vgl. Kapitel 6, insbesondere Seiten 86ff.) können dann von Ihnen entsprechend Ihrer individuellen Schwerpunktsetzungen personalisiert und in Ihren Unterrichtshospitationen eingesetzt werden. Dies wird Sie bestmöglich auf eine produktive und auf Ihre persönlichen Anforderungen ausgerichtete Hospitationszeit vorbereiten.

Vor Beginn der Unterrichtshospitation

Wichtig für die Unterrichtshospitation ist ein erstes Vertrautmachen mit der Klasse. Sowohl die derzeitigen Lehr- und Lerninhalte der Gruppe sowie insbesondere die Namen der Schülerinnen und Schüler sollten bekannt sein. Drauf kann ein kurzes Gespräch mit dem derzeitigen Fachlehrer vorbereiten. Wenn die Fachlehrerin/der Fachlehrer Ihnen keinen Sitzplan zur Verfügung stellen kann, ist es hilfreich, wenn Sie sich vor Hospitationsbeginn einen eigenen Sitzplan anfertigen, auf dem Sie alle für Sie relevanten Informationen eintragen.

Am Kapitelende finden Sie einen bereits vorbereiteten Standardsitzplan, der sich leicht personalisieren lässt. Tragen Sie dazu einfach gemäß der Sitzordnung der Klasse die Namen der Schülerinnen und Schülern in den Plan ein. Überflüssige Tische können Sie einfach streichen oder ausschneiden.

→ *s. S. 85*

Wenn die tatsächliche Anordnung der Tisch in Ihrer Klasse stark von der klassischen Sitzordnung abweicht, können Sie auch die Vorlage auf Seite 84 kopieren und anschließend die einzelnen Arbeitstische ausschneiden und entsprechend der Sitzordnung in Ihrer Klasse gruppieren und zusammenstellen.

TIPP

Wenn Sie sich Namen schlecht einprägen können, hat sich folgender Tipp aus der Praxis als hilfreich erwiesen: Fügen Sie zusätzlich zu den Namen kleine Bilder/Fotos der Schüler mit in den Sitzplan ein. Dann fällt das Zuordnen der Schülerinnen und Schüler leichter. Eine schöne Alternative zu den klassischen Namensschildern ist es allemal. Häufig arbeiten bereits viele Lehrer mit einem Sitzplan mit Fotos der Schülerinnen und Schüler.

Ansonsten hat sich folgendes Procedere als praktikabel erwiesen: Sie bitten die Schülerinnen und Schüler darum, ihre Namen mit einem dicken Filzstift gut lesbar auf ein Blatt Papier zu schreiben. Im Anschluss rufen sie einzelne Gruppen von 4-5 Schülerinnen und Schülern mit ihren Namensschildern nach vorne und machen mit einer Digitalkamera oder Smartphone Gruppenfotos. Diese Bilder können Sie zu Hause am PC bearbeiten und in Ihren Sitzplan einfügen.

TIPP

Heben Sie die Hospitationsunterlagen unbedingt gut auf. Später, wenn Sie Ihren eigenen Unterricht vorbereiten und erstmals einen detaillierten Unterrichtsplan vorlegen müssen, können Ihnen die Erfahrungen und Eindrücke (positiv wie negativ), die Sie während der Phase der Unterrichtsbeobachtung gemacht und kritisch ausgewertet haben, auch bei der Vorbereitung des eigenen Unterrichts helfen!

Ebenso können Sie die Unterlagen befreundeten Referendarinnen und Referendaren, die Ihren Unterricht beobachten, zur Evaluation Ihrer Unterrichtsleistungen zur Verfügung stellen.

Auch hier empfiehlt es sich, vorher bestimmte Kernpunkte zur Beobachtung abzusprechen. Fokussieren Sie hier am besten auf die Bereiche, in denen Sie sich wenig sicher fühlen. Dann können Sie mit konstruktiver Kritik an diesen Aspekten weiterarbeiten und sich für die Lehrproben/Unterrichtsbesuche entsprechend vorbereiten und coachen lassen!

Folgende Aspekte im Bereich „Aufbau und Gliederung der Stunde" möchte ich verstärkt beobachten:	
Beginn/Einleitungsphase des Unterrichts	❑
Formale Strukturiertheit und Gliederung des Unterrichts	❑
Aufbau/Inhaltliche Strukturiertheit und Gliederung des Unterrichts	❑
Kommunikation/Transparenz des Stundenaufbaus und der Zielsetzungen gegenüber den Schülerinnen/Schülern (Vor-/Nachteile)	❑
Wechsel der Unterrichtsphasen (Einführungsphase/Eröffnungsphase, Präsentationsphase, Übungsphase, Anwendungsphase/Transferphase, Schlussphase/Ausgangsphase)	❑
Übergänge/Überleitungen/Verknüpfungen der verschiedenen Unterrichtsphasen	❑
Gewichtung der verschiedenen Unterrichtsphasen (Fokus: Wiederholung von Wissen, Neueinführung bestimmter Inhalte, der Festigung oder Übung des Gelernten)	❑
Brüche zwischen diesen Teilen des Unterrichts	❑
Spannungsbogen in der Entwicklung des Unterrichts	❑
Zeitmanagement	❑
Umsetzung des Aufbaus und der Gliederung des Unterrichts (Theorie trifft auf Praxis: Wie realistisch war die Stundengliederung?)	❑
Flexibilität/Abweichung von Gliederung und vorbereiteter Unterrichtsstruktur	❑
Beenden/Abschluss der Unterrichtsstunde	❑

Folgende Aspekte im Bereich „Sozial- und Aktionsformen" möchte ich verstärkt beobachten:	
Wahl/Einsatz der Sozial- und Aktionsformen für den Unterricht	❑
Fokus auf Sozialformen: z.B. Frontalunterricht, Einzelarbeit, Partnerarbeit, Teamarbeit, Arbeit in Klein- oder Großgruppen usw.	❑
Fokus auf Aktionsformen: z.B. Präsentation, Dialog usw.	❑
Methodenvarianz (Abwechslung oder Dominanz bestimmter Sozial- und Aktionsformen?)	❑
Ankündigung/Einleitung von Sozial- und Aktionsformen	❑
Zusammenführung der verschiedenen Arbeitsergebnisse	❑
Betreuung der Sozial- und Aktionsformen durch die Lehrperson	❑
Binnendifferenzierung durch gewählte Sozial- oder Aktionsform	❑
Korrelation der gewählten Formen mit dem Unterrichtsgegenstand/Inhalt	❑
Verhältnis der Interaktion zwischen Lehrperson und Schülern bzw. Schülern und Mitschülern	❑
Art des Lernens (handlungsorientiert, produktionsorientiert, prozessorientiert, entdeckend, spielerisch, evaluierend, entwickelnd usw.)	❑
Förderung schülerseitiger Selbständigkeit	❑
Möglichkeit von individuellem Arbeitstempo der Lerner	❑

Folgende Aspekte im Bereich „Aufgaben- und Fragestellung" möchte ich verstärkt beobachten:	
Formulierung der Arbeitsanweisungen (z.B. klar und verständlich)	❑
Binnendifferenzierung bei der Aufgaben- und Fragestellung	❑
Schwierigkeitsgrade der Aufgaben- und Fragestellung	❑
Art des Impulses durch die Aufgaben- und Fragestellung	❑
Progression in der Abfolge unterschiedlicher Aufgaben	❑
Ansprechen verschiedener Lernertypen	❑
Art/Verwendung der unterschiedlichen Lernkanäle	❑
Einbettung der Aufgaben- und Fragestellung in den unterrichtlichen Kontext	❑
Gewichtung von offenen gegenüber geschlossenen Fragen und Aufgabentypen	❑
Inhaltliche und formale Korrektheit der Arbeitsanweisungen	❑
Adressatengerechte Formulierung der Aufgaben- und Fragestellung	❑
Art der Arbeitsanweisungen (fragend, entwickelnd, induktiv, deduktiv usw.)	❑
Möglichkeit der schülerseitigen Entwicklung von Frage- und Aufgabenstellungen	❑
Art und Weise der Ergebnissicherung	❑
Abschließende Frage- und Aufgabenstellung zum Ende der Stunde (Ergebnissicherung)	❑
Art/Bedeutung der Hausaufgaben (als Transfer von Unterrichtsergebnissen in die nächste Stunde, als Ergebnisüberprüfung zu Hause, als Möglichkeit für einen Einstieg in die Folgestunde usw.)	❑

Folgende Aspekte im Bereich „Methodenvielfalt und Materialauswahl“ möchte ich verstärkt beobachten:	
Wahl der Medien/Materialien im Unterricht (Tafel, Schulbuch, Arbeitsblatt, Schau- und Instruktionskarten, Overheadprojektor, Bild- und Tonträger)	❑
Zweck des Medieneinsatzes (Unterstützung des Inhalts, Visualisierung und Veranschaulichung von abstrakten Sachverhalten, Erweiterung der Lernkanäle, Sammeln von Antworten und Schülereindrücken, Sicherung von Ergebnissen usw.)	❑
Unterstützung von Lernerautonomie	❑
Förderung von Binnendifferenzierung durch spezielle Methoden/Materialien	❑
Kontrollmechanismen/Kontrollmöglichkeiten	❑
Berücksichtigung unterschiedlicher Lernwege	❑
Art des Materialien-/Medieneinsatzes (intentional, zielgerichtet, zweck-/kontext-/situationsgebunden oder willkürlich?)	❑
Fokus auf Adressatengerechtheit	❑
Fokus auf die qualitative Beschaffenheit der Materialien/Methoden	❑

Folgende Aspekte im Bereich „Unterrichtssprache“ möchte ich verstärkt beobachten:	
Art der Unterrichtssprache (abgehoben, adressatengerecht, freundschaftlich, distanziert, salopp, aggressiv usw.)	❑
Qualität der sprachlichen Äußerungen (korrekt usw.)	❑
Charakteristika der Sprache (laut, deutlich, klar usw.)	❑
Art der Gesprächsabläufe (häufige Unterbrechungen oder eher positive Gesprächsführung bzw. Redekultur)	❑
Art der Redeanteile/Dominanz (Lehrperson, Schüler)	❑
Korrekturverhalten (schüler-/lehrerseitig)	❑
Arten der Hilfestellung (schüler-/lehrerseitig)	❑
Formulierung von Lob und Anerkennung	❑
Formulierung von Kritik, Ermahnungen und Tadel	❑
Umgang mit Unterbrechungen und Störungen im Unterricht	❑
Arten von nonverbaler Kommunikation (Gestik/Mimik)	❑
Fokus auf Körpersprache	❑

Folgende Aspekte im Bereich „Unterrichtssprache/Gesprächsführung“ möchte ich verstärkt beobachten:	
Art der Unterrichtssprache (adressatengerecht, abgehoben, distanziert usw.)	❑
Verständlichkeit der sprachlichen Äußerungen (klar, deutlich, laut usw.)	❑
Korrektheit der Unterrichtssprache	❑
Art der Gesprächsführung/Redekultur (vollständige Sätze oder eher fragmentarisch usw.)	❑
Aufteilung der Redeanteile (lehrer-/schülerseitig)	❑
Korrekturverhalten/Umgang mit Fehlern (lehrer-/schülerseitig)	❑
Überprüfung des Lernstands/“Mitkommen“ im Unterricht	❑
Rückmeldungen/Feedback (lehrer-/schülerseitig)	❑
Hilfestellungen/Tipps (lehrer-/schülerseitig)	❑
Sprachformen für Lob, Anerkennung, Tadel oder Kritik	❑
Umgang mit Störungen/Unterbrechungen	❑
Arten nonverbaler Kommunikation (Gestik, Mimik)	❑
Körpersprache (lehrer-/schülerseitig)	❑
Sicherung des Gesprächsertrags	❑

Folgende Aspekte im Bereich „Lehrerverhalten" möchte ich verstärkt beobachten:	
Haltung der Lehrperson gegenüber der Klasse	❑
Art der Ausstrahlung/des Auftretens	❑
Sprache bzw. sprachliche Eigenschaften (freies Reden, ablesen, „Kleben" am Buch, Verständlichkeit, Sprachniveau, sprachliche Sicherheit/Unsicherheit)	❑
Positionierung der Lehrperson im Klassenraum (Blickrichtung, Standort, Bewegungen)	❑
Rolle der Lehrperson (Dozent, Fachperson, „Wissensquelle" bzw. „Ressource", Berater, Mediator usw.)	❑
Fachkompetenz	❑
Einstellung gegenüber dem Fach/Lerninhalt	❑
Beteiligung der Lehrperson am Unterrichtsgeschehen	❑
Aufmerksamkeit der Lehrperson	❑
Umgang mit den Schülerinnen und Schülern (fair, unausgewogen, „Lieblingsschülerinnen/-schüler")	❑
Umgang mit unvorhergesehenen Unterrichtsereignissen (flexibel, spontan usw.)	❑
Art und Umfang der Partizipation am Unterrichtsgeschehen	❑
Hauptcharaktereigenschaften der Lehrperson	❑

Folgende Aspekte im Bereich „Verhaltensweisen der Schülerinnen und Schüler“ möchte ich verstärkt beobachten:	
Einstellung/Haltung gegenüber der Lehrperson (respektvoll, kritisch, abschätzig, abwertend, inspirierend usw.)	❑
Wahl der Kommunikationsformen	❑
Körpersprache, Gestik und Mimik	❑
Art der sprachlichen Beteiligung am Unterrichtsgeschehen	❑
Unterbrechungen oder Störungen des Unterrichts	❑
Aufmerksamkeit im Unterricht	❑
Art der Mitarbeit der Schülerinnen und Schüler (konzentriert, ausdauernd, interessiert usw.)	❑
Einstellung/Haltung gegenüber den Mitschülerinnen und Mitschülern (respektvoll, kritisch, abschätzig, abwertend, inspirierend usw.)	❑
Erkennbarkeit von Gruppierungen/Cliquen und deren Auswirkung auf den Unterricht	❑
Bestehen von Hierarchien in der Klassengemeinschaft und deren Auswirkungen auf den Unterricht	❑
Ausgrenzung/Hänseln bestimmter Mitschülerinnen oder -schüler	❑
„Klassenclown“, „Klassenbully“, „Störenfried“	❑

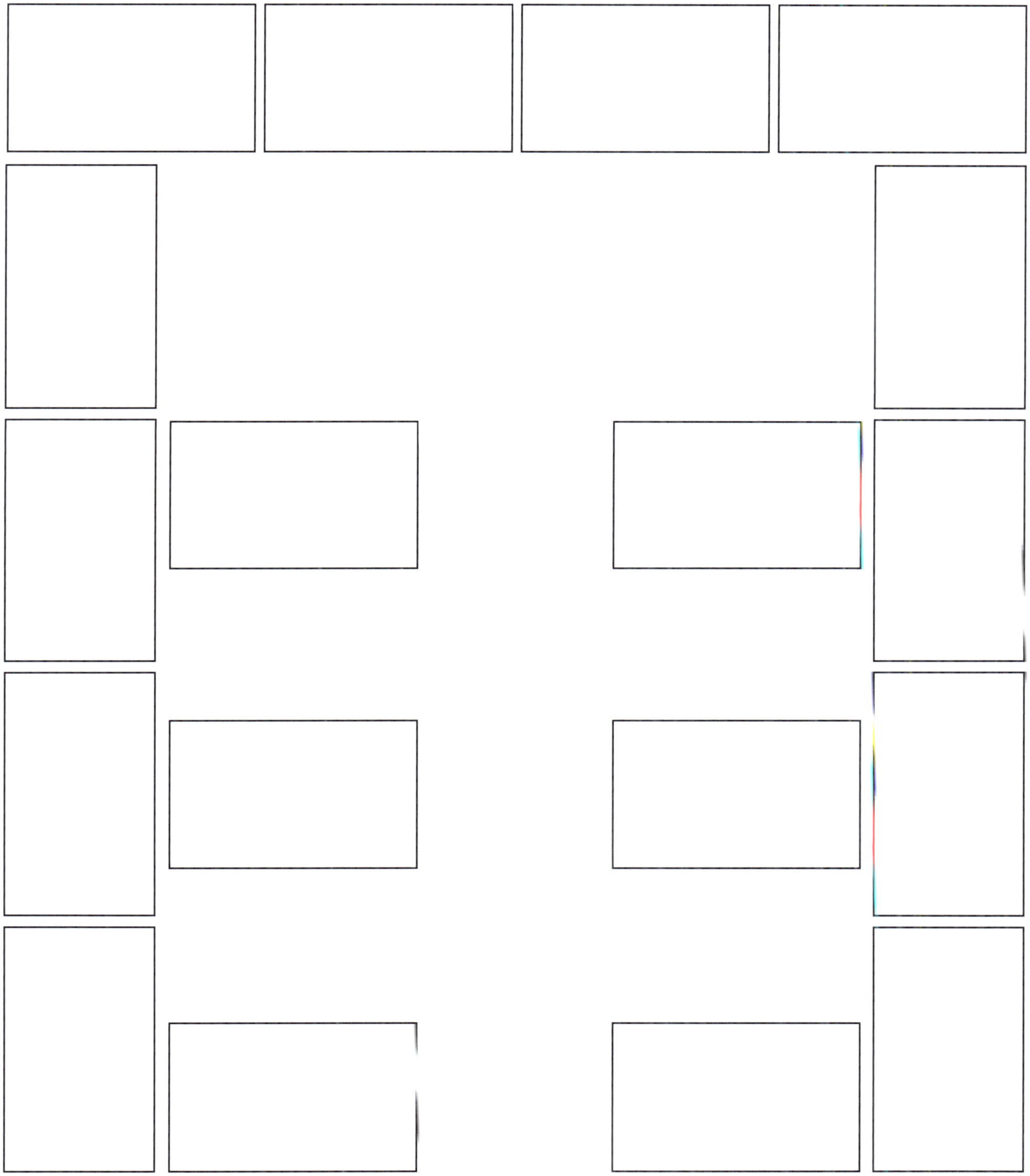

TIPP

Diesen Plan können Sie beim Kopieren vergrößern.

Hospitation am ____________________

Schulform/Schule: ____

Fach: ______________________________ Zeit: ________________

Lehrer/in: __________________________

Schüler/innen: ______________________; _____ Mädchen _____ Jungen; Alter/Klasse: __________

(Tragen Sie vor der Unterrichtshospitation die ausgewählten Leitfragen ein (vgl. Seite 68ff.); bereiten Sie den Bogen durch zusätzliche Unterteilungen, etc. auf die Hospitationssitzung vor.

Hospitation am ____________________

Schulform/Schule: ____

Fach: ______________________________ Zeit: _______________

Lehrer/in: __________________________

Schüler/innen: ______________________; _____ Mädchen _____ Jungen; Alter/Klasse: __________

Zeit/Dauer	Unterrichtsphase/Lerngegenstand/ Lehreraktivität/Schüleraktivität	Methoden/ Sozialformen	Material/Medien

Hospitationsfokus: Lehrerin/Lehrer (Beziehungsebene, Verhaltensweisen)

Hospitation am ____________________

Schulform/Schule: ____

Fach: ______________________________ Zeit: _______________

Lehrer/in: __________________________

Schüler/innen: ______________________; _____ Mädchen _____ Jungen; Alter/Klasse: __________

Ausstrahlung, Auftreten	
Körpersprache (Mimik, Gestik, Bewegung)	
Sprache (frei, Tonfall, Füllwörter)	
Sprechanteile	
Arbeitsanweisungen (fragend, entwickelnd)	
Interpretation der Rolle (Dozent, Berater)	
Art der Rückmeldung (Lob, Kritik)	
Reaktion auf Störungen (Flexibilität, Sicherheit)	
Sonstiges	

Hospitationsfokus: Schülerinnen/Schüler (Beziehungsebene, Sozialverhalten)

Hospitation am ____________________

Schulform/Schule: ____________________

Fach: ____________________ Zeit: ____________________

Lehrer/in: ____________________

Schüler/innen: ____________________; ______ Mädchen ______ Jungen; Alter/Klasse: __________

Beziehung zur Lehrperson	
Beziehung untereinander	
Sprechanteile	
Sprache	
einzelne Schüler	
Schülergruppen	
Störungen	
Sonstiges	

Hospitationsfokus: Unterricht/Sachebene

Hospitation am ____________	
Schulform/Schule: ____________	
Fach: ____________ Zeit: ____________	
Lehrer/in: ____________	
Schüler/innen: ____________; ______ Mädchen ______ Jungen; Alter/Klasse: ______	
Lernbedingungen (Raum, Tische und Stühle, Medien)	
Unterrichtseinstieg	
Strukturierung des Unterrichts	
Transparenz der Lernziele/ Stundenziele	
Methodenvielfalt	
Arbeitsanweisungen	
Sozialformen, Arbeitsformen (Frontalunterricht, Gruppen-, Einzel-, Partner-, Teamarbeit)	
Mediennutzung	
Sicherung, Festigung der Ergebnisse	
Stundenabschluss, Hausaufgabe, Transfer	
Sonstiges	

Hospitationsfokus: Schülerverhalten/Leistungsbewertung

Hospitation am ____________________

Schulform/Schule: ____

Fach: ______________________________ Zeit: _______________

Lehrer/in: __________________________

Schüler/innen: _____________________; _____ Mädchen _____ Jungen; Alter/Klasse: _________

Name der Schülerin/ des Schüler	Beteiligung am Unterricht	Sozialverhalten	Störungen	Sonstiges	Leistungsspektrum
					+ ❑❑❑❑❑ –
					+ ❑❑❑❑❑ –
					+ ❑❑❑❑❑ –
					– ❑❑❑❑❑ –
					– ❑❑❑❑❑ –
					+ ❑❑❑❑❑ –
					+ ❑❑❑❑❑ –
					+ ❑❑❑❑❑ –
					+ ❑❑❑❑❑ –
					+ ❑❑❑❑❑ –
					– ❑❑❑❑❑ –
					– ❑❑❑❑❑ –
					+ ❑❑❑❑❑ –
					+ ❑❑❑❑❑ –
					+ ❑❑❑❑❑ –
					+ ❑❑❑❑❑ –
					+ ❑❑❑❑❑ –
					+ ❑❑❑❑❑ –
					+ ❑❑❑❑❑ –
					+ ❑❑❑❑❑ –
					+ ❑❑❑❑❑ –
					+ ❑❑❑❑❑ –
					+ ❑❑❑❑❑ –
					+ ❑❑❑❑❑ –
					+ ❑❑❑❑❑ –
					+ ❑❑❑❑❑ –

Hospitationsfokus: Leistungsbewertung und Entwicklung

Hospitation am ____________________

Schulform/Schule: ____

Fach: ______________________________ Zeit: _______________

Lehrer/in: __________________________

Schüler/innen: _______________; _____ Mädchen _____ Jungen; Alter/Klasse: __________

Nr.	Name																				
1		Q	K	Q	K	Q	K	Q	K	Q	K	Q	K	Q	K	Q	K	Q	K	Q	K
		HA		HA		HA		HA		HA		HA		HA		HA		HA		HA	
2		Q	K	Q	K	Q	K	Q	K	Q	K	Q	K	Q	K	Q	K	Q	K	Q	K
		HA		HA		HA		HA		HA		HA		HA		HA		HA		HA	
3		Q	K	Q	K	Q	K	Q	K	Q	K	Q	K	Q	K	Q	K	Q	K	Q	K
		HA		HA		HA		HA		HA		HA		HA		HA		HA		HA	
4		Q	K	Q	K	Q	K	Q	K	Q	K	Q	K	Q	K	Q	K	Q	K	Q	K
		HA		HA		HA		HA		HA		HA		HA		HA		HA		HA	
5		Q	K	Q	K	Q	K	Q	K	Q	K	Q	K	Q	K	Q	K	Q	K	Q	K
		HA		HA		HA		HA		HA		HA		HA		HA		HA		HA	
6		Q	K	Q	K	Q	K	Q	K	Q	K	Q	K	Q	K	Q	K	Q	K	Q	K
		HA		HA		HA		HA		HA		HA		HA		HA		HA		HA	
7		Q	K	Q	K	Q	K	Q	K	Q	K	Q	K	Q	K	Q	K	Q	K	Q	K
		HA		HA		HA		HA		HA		HA		HA		HA		HA		HA	
8		Q	K	Q	K	Q	K	Q	K	Q	K	Q	K	Q	K	Q	K	Q	K	Q	K
		HA		HA		HA		HA		HA		HA		HA		HA		HA		HA	
9		Q	K	Q	K	Q	K	Q	K	Q	K	Q	K	Q	K	Q	K	Q	K	Q	K
		HA		HA		HA		HA		HA		HA		HA		HA		HA		HA	
10		Q	K	Q	K	Q	K	Q	K	Q	K	Q	K	Q	K	Q	K	Q	K	Q	K
		HA		HA		HA		HA		HA		HA		HA		HA		HA		HA	
11		Q	K	Q	K	Q	K	Q	K	Q	K	Q	K	Q	K	Q	K	Q	K	Q	K
		HA		HA		HA		HA		HA		HA		HA		HA		HA		HA	
12		Q	K	Q	K	Q	K	Q	K	Q	K	Q	K	Q	K	Q	K	Q	K	Q	K
		HA		HA		HA		HA		HA		HA		HA		HA		HA		HA	
13		Q	K	Q	K	Q	K	Q	K	Q	K	Q	K	Q	K	Q	K	Q	K	Q	K
		HA		HA		HA		HA		HA		HA		HA		HA		HA		HA	
14		Q	K	Q	K	Q	K	Q	K	Q	K	Q	K	Q	K	Q	K	Q	K	Q	K
		HA		HA		HA		HA		HA		HA		HA		HA		HA		HA	
15		Q	K	Q	K	Q	K	Q	K	Q	K	Q	K	Q	K	Q	K	Q	K	Q	K
		HA		HA		HA		HA		HA		HA		HA		HA		HA		HA	
16		Q	K	Q	K	Q	K	Q	K	Q	K	Q	K	Q	K	Q	K	Q	K	Q	K
		HA		HA		HA		HA		HA		HA		HA		HA		HA		HA	
17		Q	K	Q	K	Q	K	Q	K	Q	K	Q	K	Q	K	Q	K	Q	K	Q	K
		HA		HA		HA		HA		HA		HA		HA		HA		HA		HA	

18		Q	K	Q	K	Q	K	Q	K	Q	K	Q	K	Q	K	Q	K	Q	K	Q	K
		HA		HA		HA		HA		HA		HA		HA		HA		HA		HA	
19		Q	K	Q	K	Q	K	Q	K	Q	K	Q	K	Q	K	Q	K	Q	K	Q	K
		HA		HA		HA		HA		HA		HA		HA		HA		HA		HA	
20		Q	K	Q	K	Q	K	Q	K	Q	K	Q	K	Q	K	Q	K	Q	K	Q	K
		HA		HA		HA		HA		HA		HA		HA		HA		HA		HA	
21		Q	K	Q	K	Q	K	Q	K	Q	K	Q	K	Q	K	Q	K	Q	K	Q	K
		HA		HA		HA		HA		HA		HA		HA		HA		HA		HA	
22		Q	K	Q	K	Q	K	Q	K	Q	K	Q	K	Q	K	Q	K	Q	K	Q	K
		HA		HA		HA		HA		HA		HA		HA		HA		HA		HA	
23		Q	K	Q	K	Q	K	Q	K	Q	K	Q	K	Q	K	Q	K	Q	K	Q	K
		HA		HA		HA		HA		HA		HA		HA		HA		HA		HA	
24		Q	K	Q	K	Q	K	Q	K	Q	K	Q	K	Q	K	Q	K	Q	K	Q	K
		HA		HA		HA		HA		HA		HA		HA		HA		HA		HA	
25		Q	K	Q	K	Q	K	Q	K	Q	K	Q	K	Q	K	Q	K	Q	K	Q	K
		HA		HA		HA		HA		HA		HA		HA		HA		HA		HA	
26		Q	K	Q	K	Q	K	Q	K	Q	K	Q	K	Q	K	Q	K	Q	K	Q	K
		HA		HA		HA		HA		HA		HA		HA		HA		HA		HA	
27		Q	K	Q	K	Q	K	Q	K	Q	K	Q	K	Q	K	Q	K	Q	K	Q	K
		HA		HA		HA		HA		HA		HA		HA		HA		HA		HA	
28		Q	K	Q	K	Q	K	Q	K	Q	K	Q	K	Q	K	Q	K	Q	K	Q	K
		HA		HA		HA		HA		HA		HA		HA		HA		HA		HA	
29		Q	K	Q	K	Q	K	Q	K	Q	K	Q	K	Q	K	Q	K	Q	K	Q	K
		HA		HA		HA		HA		HA		HA		HA		HA		HA		HA	
30		Q	K	Q	K	Q	K	Q	K	Q	K	Q	K	Q	K	Q	K	Q	K	Q	K
		HA		HA		HA		HA		HA		HA		HA		HA		HA		HA	
31		Q	K	Q	K	Q	K	Q	K	Q	K	Q	K	Q	K	Q	K	Q	K	Q	K
		HA		HA		HA		HA		HA		HA		HA		HA		HA		HA	
32		Q	K	Q	K	Q	K	Q	K	Q	K	Q	K	Q	K	Q	K	Q	K	Q	K
		HA		HA		HA		HA		HA		HA		HA		HA		HA		HA	

Mittels dieses detaillierten Beobachtungsbogens kann die Leistungsbewertung von Schülerinnen und Schülern sowie die Entwicklung innerhalb eines bestimmten Zeitraums, z.B. über ein Halbjahr hinweg, dokumentiert werden.

Die Abkürzungen haben folgende Bedeutung:
Q = Qualität (z.B. Komplexität, sprachliche Richtigkeit, Originalität von Unterrichtsbeiträgen usw.)
K = Kontinuität von unterrichtlichen Beiträgen, Regelmäßigkeit der Mitarbeit
HA = Hausaufgaben (Vollständigkeit, Sorgfalt, Richtigkeit, Umgang mit Materialien usw.)

In dem noch leeren Kästchen können zusätzliche Leistungen eingetragen werden. Mögliche Kürzel können für Präsentationen (**P**), Referate (**R**), schriftliche Leistungen (**üHA**=schriftliche Überprüfung der Hausaufgaben, **sÜ**=schriftliche Übung usw.) oder Sozialformen (**PA**=Partnerarbeit, **GA**=Gruppenarbeit usw.) verwendet werden.

Die Bewertung der unterschiedlichen Aspekte kann entweder konkret mit Noten von 1-6 erfolgen oder mittels Tendenzen (+, o, –).

Hospitationsfokus: Medien und Materialeinsatz (Bewertung der Medien [Qualität] und der Medienkompetenz der Lehrperson [Kompetenz])

Hospitation am ____________________

Schulform/Schule: ____________________

Fach: ____________________ Zeit: ____________________

Lehrer/in: ____________________

Schüler/innen: ____________________; ______ Mädchen ______ Jungen; Alter/Klasse: __________

Medium / Material	Details	Anmerkungen	Qualität					Kompetenz				
Tafelbild			++	+	o	–	– –	++	+	o	–	– –
Whiteboard/ Smartboard (Präsentation, Tafelbild usw.)			++	+	o	–	– –	++	+	o	–	– –
Overhead-projektor (z.B. Folie usw.)			++	+	o	–	– –	++	+	o	–	– –
Lehr- und Arbeitsbuch (z.B. Übungen, Texte)			++	+	o	–	– –	++	+	o	–	– –
Arbeitsblatt			++	+	o	–	– –	++	+	o	–	– –
Poster/ Plakate			++	+	o	–	– –	++	+	o	–	– –
PC/Laptop (z.B. Präsentation usw.)			++	+	o	–	– –	++	+	o	–	– –
CD-Player (Lied, Hörtext, Musik usw.)			++	+	o	–	– –	++	+	o	–	– –

Medium/ Material	Details	Anmerkungen	Qualität					Kompetenz				
DVD Player (Film, Musikvideo, Clip usw.)			++	+	o	−	−−	++	+	o	−	−−
Flipchart (z.B. Präsentation usw.)			++	+	o	−	−−	++	+	o	−	−−
Poster, Collage, Charts usw.			++	+	o	−	−−	++	+	o	−	−−
Spiel, Aktivität			++	+	o	−	−−	++	+	o	−	−−
Bild, Foto			++	+	o	−	−−	++	+	o	−	−−
Realia			++	+	o	−	−−	++	+	o	−	−−
Recherchematerial (Internet, Lexikon, ...)			++	+	o	−	−−	++	+	o	−	−−
			++	+	o	−	−−	++	+	o	−	−−
			++	+	o	−	−−	++	+	o	−	−−
			++	+	o	−	−−	++	+	o	−	−−

Hospitationsfokus: Soziale Lernformen

Hospitation am ____________________

Schulform/Schule: ____________________

Fach: ____________________ Zeit: ____________________

Lehrer/in: ____________________

Schüler/innen: ____________________; ______ Mädchen ______ Jungen; Alter/Klasse: __________

Gruppenarbeit	❑	Projektarbeit	❑		❑
Partnerarbeit	❑	Freiarbeit	❑		❑
Einzelarbeit	❑		❑		❑
	❑		❑		❑

Beobachtungspunkt	Bemerkungen
Schülerinnen/Schüler helfen sich gegenseitig	
Schülerinnen/Schüler arbeiten ruhig und diszipliniert	
Schülerinnen/Schüler respektieren die Meinungen anderer	
Schülerinnen/Schüler gehen sorgfältig mit den bereitgestellten Materialien um	
Schülerinnen/Schüler organisieren Arbeitsformen selbstständig	

Beobachtungspunkt	Bemerkungen
Gruppen-hierarchien	
Beteiligungsgrad der Schülerinnen/Schüler	
Organisation und Gruppenbildung	
Anweisungen für Arbeitsformen	
Aufgabenstellung	
Motivation der Schülerinnen/Schüler	
Auswertung und Sicherung der Ergebnisse	
Betreuung der Gruppen durch die Lehrperson	
Intervention durch die Lehrperson	

Hospitation am ____________________

Schulform/Schule: ____

Fach: ______________________________ Zeit: ______________

Lehrer/in: ______________________________

Schüler/innen: ______________________; _____ Mädchen _____ Jungen; Alter/Klasse: __________

Persönlichkeit der Lehrperson	+	o	–	Bemerkungen/Kommentar
Auftreten und Sicherheit				
Motivation und Beziehungsaufbau				
Verbale Kommunikation				
Nonverbale Kommunikation				
Vorbildwirkung				
Flexibilität				

Persönlichkeit der Lehrperson	+	o	–	Bemerkungen/Kommentar
respektvoll, höflich, geduldig, lobend, zurückhaltend, distanziert, tolerant, offen, fair, unsicher				
Fachkompetenz				
Sprache				
Zeitökonomie				

Verhalten der Schülerinnen/ Schüler	+	o	–	Bemerkungen/Kommentar
Mitarbeit				

Sozialverhalten				
Aufmerksamkeit				
Arbeitshaltung				
Mitschriften/Aufzeichnungen				
Unterricht	**+**	**o**	**–**	**Bemerkungen/Kommentar**
Ziele/Intentionen: klar, erreichbar, erkennbar, kognitiv, affektiv, pragmatisch				
Binnendifferenzierung				
Fächerübergreifender Bezug				
Unterrichtsverlauf				
Unterrichtsstufen/Struktur				
Sicherung des Unterrichtsertrages				
Medieneinsatz				
Medienauswahl/Lehrmittel/Arbeitsmittel				
Methodenauswahl/Methodeneignung				

Die Hospitationsbögen mit dem Fokus „Soziale Lernformen“ sowie „Kurzprotokoll zur Unterrichtshospitation“ basieren mit leichten Veränderungen auf der Grundlage folgender Quelle: „Beobachtung und Auswertung von Unterricht (Hospitation)“ Humboldt-Universität zu Berlin, Mathematisch-Naturwissenschaftliche Fakultät II, S. Nordheimer und B. Maus, Berlin 2009.

7. Der erste eigene Unterricht

Dieses Kapitel soll Sie auf die ersten eigenen Unterrichtversuche in der Schule vorbereiten. Steht man einmal vor der Aufgabe, eine 45-minütige Unterrichtsstunde ganz allein vorzubereiten, setzt beim ersten Mal angesichts der Fülle und Komplexität all jener Dinge, die man berücksichtigen muss und möchte, schnell Unsicherheit dahingehend ein, ob man das überhaupt schaffen kann. Wie ein konkretes Unterrichtsziel aussieht, welche Arbeitsmaterialien und Medien hilfreich und sinnvoll wären, welche Sozial- und Aktionsformen gewählt werden sollten, ob das Zeitmanagement realistisch ist, ob differenziert genug gearbeitet wird, ob der Aufbau und die Gliederung sinnvoll und logisch strukturiert sind, ob die Aufgabenstellung korrekt, verständlich und klar ist, ob die Lerninhalte adressatengerecht sind und die Ergebnisse gut gesichert werden, ob auch genug Motivation und Spaß in der Stunde beim Lernen entsteht und ob die Zielgruppe vom Inhalt begeistert ist und motiviert mitarbeitet, und ob all das, was man auf dem Papier und in seinem Stundenplan aufgeschrieben hat, in der Praxis überhaupt erfolgreich umsetzbar sein kann – all diese Fragen und Überlegungen können einen gerade zu Beginn zum Verzweifeln bringen.

Das Wichtigste ist, angesichts der Flut an Informationen und Anforderungen nicht den Überblick zu verlieren und in Panik auszubrechen. Die erste Unterrichtsstunde kann und muss nicht perfekt verlaufen. Wenn Sie einen kühlen Kopf bewahren und sich Ihrer Idee von erfolgreichem Unterricht Schritt für Schritt nähern und die Entwicklung eines eigenen Unterrichtsprofils als Reifeprozess betrachten, dann werden Sie mit der Zeit merken, dass eine eigene Unterrichtsstunde gar nicht so schwer zu gestalten ist.

sich erfolgreichem Unterricht Schritt für Schritt nähern

Die Ideen und Anregungen in den folgenden Kapiteln können die Erfahrungen, die Sie in der Praxisphase der Lehramtsausbildung machen werden sowie die unterschiedlichsten Aufgaben, mittels derer Sie im Studienseminar auf den ersten eigenen Unterricht umfassend vorbereitet werden, nicht ersetzen. Vielmehr sind die folgenden Seiten dazu gedacht, Ihnen einige wichtige Hilfestellungen bei der schrittweisen Annäherung an das Ziel einer eigenen Unterrichtsstunde zu geben. Deshalb finden Sie in diesem Kapitel Reflexionsfragen zum Unterricht, einige Hinweise zu wichtigen Strukturelementen für die Unterrichtsplanung sowie Hilfestellungen zum richtigen Medien- und Materialeinsatz im Unterricht.

Was zeichnet guten Unterricht aus?

Die Frage, was guten Unterricht überhaupt auszeichnet, ist nicht in zwei bis drei Sätzen zu beantworten. Und auch wenn man sich viel Zeit nähme, über diese Frage nachzudenken, würde man sicher nicht eine allumfassende und allgemeingültige Antwort auf die Frage finden. Auch würde Ihnen eine potentielle Antwort auf diese Frage nur begrenzt weiterhelfen, denn eine allgemeine Antwort wäre schließlich keine Antwort darauf, wie Ihr eigener Unterricht aussehen kann. Deshalb ist z.B. eine Einstiegsfrage wie „Was sollen sich Ihre Schülerinnen und Schüler über Ihren Unterricht erzählen?" weitaus produktiver, denn in Ihrer Antwort spiegelt sich beides wider: berufliche Professionalität und der Wunsch, dem Unterricht eine persönliche Note zu verleihen.

Frage: Was sollen sich Ihre Schülerinnen und Schüler über Ihren Unterricht erzählen? Sammeln Sie in der Form einer Mindmap aussagekräftige Adjektive rund um die Frage zu Ihrem Unterricht. Nehmen Sie sich für die Beantwortung der Frage ruhig etwas Zeit.

!

Was sollen sich Ihre Schülerinnen und Schüler über Ihren Unterricht erzählen?
So finden meine Schülerinnen und Schüler hoffentlich meinen Unterricht:

Wichtige Strukturelemente einer Unterrichtsstunde

Damit der eigene Unterricht tatsächlich so positiv verläuft, wie Sie es sich vorstellen, finden Sie einige Einstiegstipps und Hinweise, die Ihnen dabei helfen sollen, eine grobe Unterrichtsstruktur zu erstellen und passende Medien sowie Materialien adressaten- und inhaltsgerecht auszuwählen und in den eigenen Unterricht zu integrieren.

Die folgende Auswahl an wichtigen Strukturelementen kann Sie dabei unterstützen, die nötige Grundlage für eine Unterrichtsstunde zu erstellen. Die aufgelisteten Aspekte beziehen sich primär auf die Strukturelemente zum Aufbau einer Unterrichtsstunde und nicht auf die inhaltliche Ausgestaltung. Auch wenn jede Unterrichtsstunde sehr individuell und verschieden ist, können Ihnen die Strukturelemente eine gute Grundlage für den Einstieg bieten. Im Laufe der Zeit werden Sie sich ohnehin von starren Mustern lösen und viel individueller planen und arbeiten; aber gerade für den Anfang sind ein paar Grundpfeiler und feste Elemente sehr hilfreich.

Wichtige Leitfragen zu den einzelnen Bereichen finden Sie in Kapitel 6 zur Unterrichtshospitation. Die „Checklisten" können Sie als Gedankenstütze bei der Unterrichtsvorbereitung verwenden. Die einzelnen Punkte können dann nach erfolgreichem Einbezug in Ihre Überlegungen auf der Liste abgehakt werden.

Wie Sie auf den folgenden Seiten feststellen werden, gibt es eine Vielzahl an Kriterien und Punkten, die es bei der Vorbereitung von Unterricht potentiell zu berücksichtigen gilt. Gerade zu Beginn kann die schiere Menge an Anforderungen einschüchternd und schlimmstenfalls demotivierend wirken. Sie werden sich viele der genannten Aspekte für den eigenen Unterricht im Laufe Ihres Vorbereitungsdienstes Schritt für Schritt aneignen und in den ersten Berufsjahren weiter ausbauen und verfeinern. Sehen Sie diese Kriterien daher eher als Bestandteile eines großen Puzzles, das es nicht auf Anhieb, sondern im Laufe der nächsten Monate und Jahre zu vervollständigen gilt.

1. Der Lerngegenstand und das Thema der Stunde

- Mit welchem fachlichen Inhalt beschäftigen Sie sich in der Unterrichtsstunde?

2. Intention der Unterrichtsstunde/Unterrichtsziel

- Was ist die Zielsetzung der Unterrichtsstunde? Mit welcher Intention gestalten Sie Ihre Stunde? Kurzum: Was lernen die Schülerinnen und Schüler in der Stunde?

Damit sind zunächst zwei sehr wichtige Fragen geklärt: Womit beschäftigt sich die Unterrichtsstunde, also *was* wird gelernt, und mit *welchem Ziel* werden die Schülerinnen und Schüler mit diesem Inhalt konfrontiert? Das *Wie, Wodurch* und auf *welche Weise* soll in den folgenden Punkten beleuchtet werden:

3. Aufbau und Gliederung der Stunde

Als erste, einfache Grundüberlegung ist die Überlegung zu möglichen Unterrichtsphasen eine gute Einstiegshilfe, um eine Stunde grob zu strukturieren: Einführungsphase/Eröffnungsphase, Präsentationsphase, Übungsphase, Anwendungsphase/Transferphase, Schlussphase/Ausgangsphase. Für die Einstiegsphase ist auch zu berücksichtigen, was aus der vergangenen Stunde die jetzige Unterrichtsstunde beeinflusst:

- Anknüpfungspunkte an die Inhalte der letzten Stunde (Einstiegsfragen, Zusammenfassung durch Lehrperson oder Schülerinnen und Schüler)
- Einstieg über Überprüfung der Hausaufgaben usw.

Für die Ausgangs- oder Schlussphase gilt insbesondere, dass der Schluss der Unterrichtsstunde nicht abrupt einsetzt, sondern als integraler Teil des Unterrichts begriffen wird, der noch einmal eine Zusammenführung der Ergebnisse beinhaltet und ggf. über die geplante Hausaufgabe Möglichkeiten der Wiederholung, eines Transfers oder eine Anknüpfung an die nächste Unterrichtsstunde bietet.

Wichtig sind auch erste Überlegungen zu den Hinführungen und Überleitungen zwischen den einzelnen Unterrichtsphasen sowie die entsprechenden Zusammenführungen und Sicherungen von Teilergebnissen und wichtigen Erarbeitungspunkten. Das Planen in kleinen Einheiten ist hier ein guter Tipp für den Einstieg.

Planen in kleinen Einheiten

Das richtige Zeitmanagement ist gerade zu Beginn eine recht schwierige Angelegenheit, da hier Erfahrungswerte eine große Rolle spielen und sich bestimmte Phasen und Arbeitsweisen von Klasse zu Klasse und Stufe zu Stufe unterscheiden. Hier gilt dann: Ausprobieren und Mut zum Improvisieren!

Der so erstellte grobe Entwurf einer Unterrichtsstunde kann mittels der folgenden Punkte weiter präzisiert werden. Dabei kann sich zeigen, dass die ursprüngliche Planung noch einmal angepasst werden muss. Solche Flexibilität ist eine Grundvoraussetzung bei der Planung erster eigener Unterrichtselemente.

4. Aufgaben- und Fragestellung

Ausgehend vom Inhalt der Stunde und dem vorgesehenen Unterrichtsziel können Sie dann erste Arbeitsanweisungen, Aufgaben- und Fragestellungen entwickeln. Zeitgleich können Sie entsprechende Überlegungen zur Methodik anstellen. Folgende Charakteristika für die Aufgaben- und Fragestellung aber auch die Methodik sollten Sie nach und nach bei der Planung berücksichtigen:

- klar, strukturiert und eindeutig formulieren und kommunizieren
- formal und inhaltlich korrekt
- kohärent (logisch aufgebaut, inhaltlich zusammenhängend und widerspruchsfrei)
- adressatengerecht
- verschiedene Lernkanäle/unterschiedliche Lernertypen berücksichtigend
- abwechslungsreich und flexibel (Methodenvarianz)
- binnendifferenzierend (die differenzierte Ausgestaltung unterrichtlicher Abläufe, Lerninhalte und Lernziele entsprechend unterschiedlicher Lernervoraussetzungen)
- erkennbare Progression (Unterrichtsteile bauen aufeinander auf und zeichnen sich z.B. durch einen ansteigenden Schwierigkeitsgrad/Komplexitätsgrad aus (geschlossen – halb-offen – offen))
- interessant und motivierend

5. Sozial- und Aktionsformen sowie deren Zusammenspiel und Variationen

Ebenso wichtig für die Unterrichtsstunde sind auch die Wahl der entsprechenden Sozial- und Aktionsformen sowie deren Zusammenspiel im Unterricht. Methodenvarianz ist ein wichtiges Schlüsselwort für die Unterrichtsplanung. Denn keine Sozialform (Frontalunterricht, Einzelarbeit, Partnerarbeit, Teamarbeit, Arbeit in Klein- oder Großgruppen usw.) oder Aktionsform (Präsentation, Dialog, Vortrag usw.) sollte über einen längeren Zeitraum dominieren. Denn die Methodik im Unterricht sollte abwechslungs- und variantenreich sein. Bei einer einzelnen Unterrichtsstunde ist dies nicht immer zu gewährleisten, aber in Rahmen einer Unterrichtsreihe oder, wenn Sie zum Beispiel als Grundschullehrerin/-lehrer mehrere Stunden hintereinander in einer Klasse unterrichten, sollte auf diesen Punkt geachtet werden.

Verknüpfung zu den gewählten Inhalten

Beachten Sie auch, dass sich die verschiedenen Sozial- und Aktionsformen gut in den Unterricht eingliedern lassen und die Übergänge zwischen den wechselnden Formen fließend verlaufen. Methodik darf nie isoliert oder zum Selbstzweck eingesetzt werden. Eine Verknüpfung zu den gewählten Inhalten muss erkennbar sein. Im Fremdsprachenunterricht beispielsweise, in dem in einer Unterrichtssequenz der Verlauf einer Hotelbuchung in der Fremdsprache ausprobiert und eingeübt werden soll, bietet sich Partnerarbeit und das Dialogsprechen oder ein Rollenspiel methodisch deutlich eher an, als das isolierte Rekonstruieren der dialogrelevanten Sätze in einem Kreuzworträtsel.

6. Medieneinsatz und Materialauswahl

kritisch reflektierter Einsatz

Medien und Arbeitsmaterialien sind ein bedeutender Bestandteil des schulischen Unterrichts. Wichtige Grundvoraussetzung beim Medien- und Materialeinsatz ist, dass ein „Mehrwert" durch die verwendeten Medien und Materialien entsteht. Andernfalls kann und sollte auf den Medien- bzw. Materialeinsatz verzichtet werden, denn die Verwendung als „schmückendes Beiwerk" genügt nicht den Anforderungen an den kritisch reflektierten Einsatz möglicher Medien oder Unterrichtsmaterialien.

Folgende Aspekte können bezüglich dieses „Mehrwerts" von Belang sein:

Der Medieneinsatz bzw. das Arbeitsmaterial

- optimiert den Lernprozess
- hilft dabei, Ergebnisse zu sichern und zu veranschaulichen

- bietet Möglichkeiten der Differenzierung
- lädt zum Üben, Wiederholen und Festigen von Wissen ein
- unterstützt die Lernerautonomie
- spricht unterschiedliche Lernkanäle an
- erhöht die Motivation, sich mit dem Unterrichtsgegenstand auseinanderzusetzen
- macht den Lerngegenstand transparent und anschaulich
- stellt zusätzliche, relevante Informationen zur Verfügung

Formal sollte das gewählte Arbeitsmaterial folgende Kriterien erfüllen:

Das Unterrichtsmaterial
- ist kohärent
- ist unterrichtlich und inhaltlich relevant
- ist logisch und zusammenhängend
- ist fehlerfrei
- ist kontext- und situationsgebunden
- ist adressatengerecht

Weitere Kriterien zur Beurteilung von Unterrichtsmaterialien finden Sie auf den Seiten 70 und 108ff.

Auf Basis dieser vereinfachten Grundlage zum Einstieg in die Gestaltung einer Unterrichtsstunde können Sie mit Hilfe des nachstehenden detaillierten Unterrichtsplans erste eigene Unterrichtsstunden erstellen.

→ s. S. 113f.

Der Plan wurde in dieser Form bereits erfolgreich in der Praxis als Strukturhilfe für Unterrichtsentwürfe und als Stundenentwurf bei Lehrproben/Unterrichtsbesuchen eingesetzt. Er ist sehr gut strukturiert und gibt anhand seines Aufbaus bereits die wichtigsten Punkte vor, die für die Entwicklung einer Unterrichtsstunde relevant sind. Wenn Sie also die obigen Punkte berücksichtigen und dann mit Hilfe dieses Plans einfach einmal eine Stunde zu einem Thema Ihrer Wahl erstellen, werden Sie merken, dass das Entwickeln einer Stunde auf dem Papier gar nicht so umständlich und kompliziert ist, wie man zu Beginn glauben mag.

erste Unterrichtsentwürfe gemeinsam erarbeiten

Hier empfiehlt sich eine Kooperation mit anderen Referendarinnen und Referendaren. Denn dann können Sie erste Unterrichtsentwürfe gemeinsam erarbeiten, Planungsüberlegungen anstellen, Ideen und Konzepte entwickeln, um sie im Gespräch auf Ihre Durchführbarkeit und Praxistauglichkeit zu überprüfen. Wenn sich die Möglichkeit ergibt, ist auch die Einschätzung erfahrener Fachkolleginnen/Fachkollegen äußerst hilfreich.

Insgesamt gilt hier freilich: Übung macht den Meister! Nutzen Sie also möglichst viele Gelegenheiten, um für die Unterrichtsplanung eigene Erfahrungen zu sammeln. Vielleicht starten Sie zunächst einmal mit kleineren Abschnitten einer Unterrichtsstunde, z.B. mit Überlegungen zu einem motivierenden Einstieg in ein bestimmtes Thema, bevor Sie sich an die Planung der vollen 45 oder 90 Minuten wagen.

Vorschlag für einen detaillierten Unterrichtsplan

Die Vorlage für den Unterrichtsplan (vgl. S. 113ff.) unterstützt Sie dabei, Ihre Überlegungen für Ihren Unterricht zu konkretisieren und eine Stunde Schritt für Schritt zu planen. Der Unterrichtsplan ist aufgebaut wie eine kleine Akte, in der alle wichtigen Informationen zur Stunde gesammelt sind.

In der Kopfzeile finden sich Ihre persönlichen Angaben, Angaben zur Klasse, zum Fachlehrer sowie zu Zeit und Datum. Wenn Sie die Vorlage bei einem Unterrichtsbesuch einsetzen, sind auch die Namen der sonstigen Anwesenden (Fachleiterin/Fachleiter, Mentorin/Mentor, Direktorin/Direktor usw.) wichtig.

Auf Seite 1 geben Sie ansonsten den Titel bzw. das Thema der Unterrichtsstunde an, das Sie auch in ganzen Sätzen sorgfältig ausformuliert vorstellen sollten. Gleiches gilt für das antizipierte Unterrichtsziel. Beide Punkte sollten klar und eindeutig dargelegt werden.

Auf Seite 2 geht es hauptsächlich um die Kontextualisierung der Unterrichtsstunde in den bisherigen Unterrichtsverlauf. Gab es vorbereitenden Sitzungen? Ist dies die erste Stunde zu einem neuen Themenkomplex? Wird mit dieser Unterrichtsstunde eine Reihe abgeschlossen? Welche Hausaufgaben wurden ggf. in der vorausgegangenen Stunde aufgegeben? Welche Hausaufgaben werden ggf. diese Stunde mit der Folgestunde verknüpfen? Dies sind wichtige Informationen, die Sie hier festhalten können.

Seite 3 und 4 beinhalten eine Vorlage für die eigentliche Unterrichtsplanung. Die einzelnen Kategorien „Zeit/Dauer", „Unterrichtsphase/Lerngegenstand/Lehreraktivität/Schüleraktivität", „Methoden und Sozialformen" sowie „Material/Medien" erklären sich von selbst. Tragen Sie hier die relevanten Informationen für Ihre Planung ein.

Auf Seite 5 ist Platz für weitere Anmerkungen und Bemerkungen Ihrerseits. Hier können Sie auf bestimmte Umstände oder Besonderheiten hinweisen, die erwarteten Unterrichtsergebnisse sowie antizipierte Schwierigkeiten und Probleme festhalten oder sonstige Informationen, die für die Planung und Durchführung Ihrer Unterrichtsstunde wichtig erscheinen, angeben. Außerdem können Sie in der Spalte „Literatur, Arbeitsmaterialien, Medien" genauere Angaben zu den Unterrichtsmaterialien machen, die Sie in Ihrem Unterricht verwendet haben.

Der Schreib- und Sprachstil, mit dem Sie Ihre Angaben im Unterrichtsplan festhalten werden, variiert stark von Studienseminar zu Studienseminar und von Ausbildungsschule zu Ausbildungsschule. Deshalb werden hier an dieser Stelle keine konkreten Vorschläge für mögliche Formulierungen angeboten. Denn dies kann der Spezifik der Anforderungen der entsprechenden Fachpersonen nicht Rechnung tragen.

In Ihrer Ausbildung werden Sie mit diesen spezifischen Anforderungen an die Formulierungen eines Stundenziels oder des Lernstandes der Schülerinnen und Schüler vertraut gemacht. Es empfiehlt sich daher, sich im Seminar schnell die notwendigen Termini und Beschreibungen anzueignen.

Spontaneitäts-/Stresstest

Gerade zu Beginn Ihrer ersten Unterrichtsvorbereitungen werden Sie erfahrungsgemäß recht viel Zeit auf Ihre Unterrichtsplanungen und -entwürfe verwenden. Es versteht sich von selbst, dass mehrstündige Vorbereitungsphasen für einzelne Unterrichtsstunden zu Beginn gerade mangels Erfahrungswerten und einer gewissen Routine völlig normal sind. Fest steht aber auch, dass dieses Ausmaß an intensivster Vorbereitungszeit im späteren Schulalltag allein schon aus praktischen Gründen nicht mehr zur Verfügung stehen wird. Dann greifen aber besagte Erfahrungswerte und Unterrichtsroutinen, und man entwickelt eine gewisse Souveränität bezüglich der Unterrichtsinhalte, konkreten Unterrichtsabläufe, Handlungsmuster und Vorgehensweisen.

Wie schnell Sie bereits zu diesem frühen Zeitpunkt schon unter einem gewissen Zeitdruck eine bestimmte Aufgabe erfüllen können, soll das nachfolgende kurze Experiment zeigen, das angesichts einer künstlich erzeugten „Stresssituation" eine gewisse Spontaneität und Flexibilität trainiert.

Versetzten Sie sich in folgendes Szenario:

Stresstest

Sie sitzen früh morgens im Bus und befinden sich auf dem Weg zur Schule, Ihrer Arbeitsstätte. Etwa 15 Minuten vor Ankunft an der Schulhaltestelle erinnern Sie sich daran, dass Sie heute eine Vertretungsstunde in der Parallelklasse abhalten müssen (Entscheiden Sie sich hier für eine Klassenstufe sowie ein Thema Ihrer Wahl). Und Sie müssen Ihr eigenes Arbeitsblatt vorbereiten. Sie greifen in Ihre Schultasche, suchen nach einem Blatt Papier und einem Stift und fangen damit an, Ihr Arbeitsblatt zu erstellen. Sie müssen sich jedoch beeilen, denn Sie haben nur noch 15 Minuten Zeit!

Damit Sie die Ergebnisse dieser Übung kritisch reflektieren können, empfiehlt es sich, den Stresstest gemeinsam in einer Arbeitsgruppe zu absolvieren, damit im Anschluss die Ergebnisse vorgestellt und von den übrigen Teilnehmern beurteilt werden können. Hilfreiche Bewertungskriterien finden Sie in Kapitel 7 „Der erste eigene Unterricht". Achten Sie insbesondere auf den Bereich „Zeitmanagement", denn dieser Punkt bereitet erfahrungsgemäß gerade bei den ersten Planungsversuchen die größten Schwierigkeiten.

Nehmen Sie eine Eieruhr oder aktivieren Sie die Stoppuhrfunktion Ihres Mobiltelefons und stellen Sie 15 Minuten ein. Nutzen Sie die Ihnen zur Verfügung stehende Zeit zur bestmöglichen Vorbereitung der Vertretungsstunde.

TIPP

Auswahl von Medien und Materialien

Auch die Medien- und Materialauswahl fällt zu Beginn der Lehramtsausbildung nicht immer leicht. Woran man ein gutes Medium oder Arbeitsmaterial erkennt, ist aus dem Stegreif schwer einzuschätzen. Denn für eine richtige Einschätzung fehlt einem gerade während des Berufsanfangs die nötige Erfahrung. Gerade weil bereits im Ausbildungsunterricht die lehrerseitige, kritische Reflexion des Medien- und Materialeinsatzes verlangt wird, ist es sehr wichtig, sich mit Kriterien für die Einschätzung und Bewertung von Medien und Materialien auseinanderzusetzen. Dann wird es für Sie auch einfacher, sich auf Fragen der Fachlehrerin und des Fachlehrers oder bei Unterrichts- bzw. Lehrproben der anwesenden Gutachterinnen und Gutachter vorzubereiten. Es lohnt sich daher, sich die Zeit zu nehmen, den eigenen Medien- und Materialeinsatz kritisch zu hinterfragen.

Medien- und Materialeinsatz kritisch hinterfragen

Was den verwendeten Medien- bzw. Materialbegriff angeht, sei gesagt, dass hier in Kürze keine umfassende Reflexion beider Begrifflichkeiten und deren komplexen Kategorisierungen und Definitionen, wie sie in der gegenwärtigen Fachliteratur ausführlich verhandelt werden, geleistet werden kann.

Ohnehin werden Sie je nach Fächerkombination sowie abhängig von Studienseminar und Ausbildungskonstellation mit unterschiedlichen Konzepten und Schwerpunktsetzungen hinsichtlich dieser Termini arbeiten.

Beide Begriffe werden hier in einer rudimentären und stark vereinfachten Form verstanden. Während der Medienbegriff die „Unterrichts-Hardware", also zum Beispiel den Computer oder Tageslichtschreiber, beschreibt, bezieht sich der Materialbegriff auf die Unterrichtsmaterialien mit deren Hilfe etwas konkret veranschaulicht, erarbeitet und vermittelt wird, wie z.B. das Arbeitsblatt, die Power-Point-Präsentation, die Folie auf dem Tageslichtschreiber, die ausgewählten Schau- oder Materialkarten oder auch das Tafelbild.

Es ist klar, dass diese sehr einfache Trennung nur für eine oberflächliche Betrachtung von Medien und Materialien trägt. Um das Bewusstsein hinsichtlich des kritischen Einsatzes sowohl der verwendeten Medien als auch der Unterrichtsmaterialien zu schärfen, ist diese gewählte vereinfachte Betrachtungsweise jedoch absolut ausreichend.

Wichtige Aspekte für die Arbeit mit Medien

Für den Medieneinsatz im Unterricht gibt es einige wichtige Überlegungen, die man vor der Verwendung des jeweiligen Mediums berücksichtigen sollte. Gerade unmittelbar vor der eigentlichen Unterrichtsstunde sollten die wichtigsten Punkte noch einmal überprüft werden, damit der Einsatz des gewählten Mediums auch wie geplant stattfinden kann.

Damit der Medieneinsatz erfolgreich stattfinden kann, sollten folgende Punkte berücksichtigt werden:

Das Medium	Beispiel
ist voll funktionstüchtig und einsatzbereit	Die beste Power-Point-Präsentation nutzt nichts, wenn der Projektor nicht funktioniert. Auch die Tafel sollte vor dem Anlegen des eigenen Tafelbildes sauber und einsatzbereit sein (Kreide, Lineale, Schwamm etc.).
ist zum Einsatzzeitpunkt verfügbar	Nicht jeder Unterrichtsraum verfügt über einen Projektor, Tageslichtschreiber oder eine Fernseheinheit. Reservieren Sie die benötigten Geräte rechtzeitig.
ist in ausreichender Anzahl vorhanden	Für eine Übung zum individuellen Hörverstehen benötigen Sie beispielsweise eine bestimmte Anzahl an Wiedergabegeräten. Auch bei der Arbeit mit dem Computer ist eine bestimmte Anzahl an Arbeitsgeräten nötig.
kann von Ihnen fachgerecht bedient werden	Wenn der ausgewählte Film mangels technischer Kenntnisse nicht auf dem Projektor oder dem TV-Gerät wiedergegeben werden kann, scheitert zwangsläufig die Unterrichtsgestaltung. Gerade bei der Arbeit mit audio-visuellen Medien ist es wichtig, dass Sie auch mit den „Feinheiten" der Gerätebedienung vertraut sind. Die Sprachauswahl bei DVDs, das Springen zu bestimmten Zeitpunkten eines Films oder Liedes, die Ansteuerung des Zeitlupeneffekts, um nur einige Beispiele zu nennen, sollte Ihnen bekannt sein. Nehmen Sie sich daher die Zeit, sich in die Medien vor Ort einzuarbeiten, bis Ihnen alle Funktionen geläufig sind.
ist gut sichtbar, verständlich usw.	Im Rahmen einer Präsentation über den Tageslichtschreiber müssen alle Schülerinnen und Schüler das präsentierte Material gut sehen können. Die Sitzordnung sollte so angelegt sein, dass alle Schülerinnen und Schüler die Informationen, in welcher Form auch immer, gut wahrnehmen können – auch von den hinteren Plätzen.
funktioniert nicht, aber ich habe einen „Plan B"	Es kann immer einmal passieren, dass trotz sorgfältiger Planung einmal der Medieneinsatz aus unvorhersehbaren Gründen scheitert. Eine Kollegin/ein Kollege könnte die Reservierung für die Medieneinheit übersehen und den Projektor bereits ausgeliehen haben. Oder der Projektor ist defekt. Für solche Fälle lohnt es sich, insbesondere wenn ein Unterrichtsbesuch ansteht, einen „Plan B" vorbereitet zu haben. In unserem Beispielfall könnte dies das Bereithalten der Power-Point-Präsentation in Form von Folien für den Tageslichtschreiber sein.

Kriterien für gutes Arbeitsmaterial

Ähnlich wie beim Medieneinsatz gilt es auch beim Auswählen geeigneter Unterrichtsmaterialien bestimmte Kriterien zu berücksichtigen.

Arbeitsmaterialien sollten sich durch folgende Kriterien auszeichnen, damit sie als gute Unterrichtsmaterialien eingesetzt werden können:

Das Arbeitsmaterial ist	Beispiel
übersichtlich	Das Tafelbild oder auch ein Arbeitsblatt sollte übersichtlich gestaltet sein, damit der Zugang zu den Lerninhalten nicht erschwert wird. Zu viel Text und zu viele Bilder auf einem Arbeitsblatt können den Zugang zu den Informationen erschweren. Ein Tafelbild, auf dem die gesammelten Schülerantworten unsortiert „kreuz und quer" festgehalten werden, ist ebenfalls unübersichtlich. Planen Sie daher den Einsatz des Arbeitsmaterials im Voraus und stellen Sie konkrete Überlegungen dahingehend an, wie die jeweiligen Inhalte möglichst übersichtlich angeboten werden können.
klar strukturiert und gegliedert	Je komplexer die Unterrichtsmaterialien, desto wichtiger ist die klare Strukturierung und Gliederung der Lerninhalte.
fehlerfrei	Der Inhalt der Arbeitsmaterialien sollte fehlerfrei präsentiert werden. Arbeitszettel sollten z.B. keine Rechtschreibfehler enthalten. Auch beim Notieren von Schülerbeiträgen an der Tafel sollte auf die korrekte Orthographie geachtet werden.
logisch und kohärent	Das Arbeitsmaterial sollte zusammenhängend und schlüssig aufgebaut sein. Wenn unbeabsichtigt Widersprüche aus Arbeitsanweisungen auf einem Arbeitsblatt entstehen, ist dies für die schülerseitige Bearbeitung der Inhalte äußerst unbefriedigend.
transparent	Die Arbeitsanweisungen und Fragestellungen sollten eindeutig, klar und verständlich sein.
formal korrekt	Die formale Darstellung des gewählten Materials sollte den gängigen Konventionen entsprechen. Um beim Arbeitsblatt zu bleiben: Der Kopf des Arbeitsblattes sollte zum Beispiel das Unterrichtsfach, das Datum, die Zielgruppe (z.B. Klasse 6b), die Lehrperson usw. ausweisen. Ebenso gehört zu einem Arbeitsblatt formal auch ein Titel.
adressatengerecht	Bedenken Sie, dass es je nach Zielgruppe unterschiedliche Arbeitsmaterialien zu berücksichtigen gilt. In einer dritten Klasse ist das Lesen eines Romans viel zu komplex. Stattdessen würde man hier eher eine Bildergeschichte oder kürzere Textformen wählen.
bearbeitbar	Nur Arbeitsblätter, die in ausreichender Anzahl zur Verfügung gestellt werden, können von den Schülerinnen und Schülern erfolgreich bearbeitet werden.
qualitativ einwandfrei	Auch das beste Arbeitsblatt wird unbrauchbar, wenn es aufgrund einer schlechten Kopie kaum noch lesbar ist.

Die oben genannten Kriterien sind nicht hierarchisch geordnet. Je nach Präferenz ergeben sich unterschiedliche Gewichtungen, sowohl Ihrerseits als auch von Seiten Ihrer Ausbilderinnen und Ausbilder. Um die Hierarchie der eigenen Präferenzen zu überprüfen, eignet sich folgende Frage:

„Was macht ein schlechtes Tafelbild zu einem schlechten Tafelbild?" Fertigen Sie zu dazu eine Top-10-Liste der schlimmsten Eigenschaften an.
1.
2.
3.
4.
5.
6.
7.
8.
9.
10.

Wenn Sie nun die Ergebnisse Ihrer Liste ins Positive umkehren, sehen Sie sofort, welche Punkte Ihnen für die Qualität eines Arbeitsmittels besonders wichtig sind.

Eigenschaften guter Unterrichtsmaterialien

Aus didaktischer Perspektive ist wichtig, dass die gewählten Materialien ihren Einsatz im Unterricht durch eine Auswahl aus den folgenden Kriterien rechtfertigen.

Das gewählte Unterrichtsmaterial
– sortiert und strukturiert „Input" – optimiert den Lernprozess – optimiert die Lernzeit – sorgt für Klarheit und Transparenz – veranschaulicht abstrakte Lerngegenstände und Inhalte – erleichtert das Verarbeiten und Speichern von Informationen – unterstützt den Transfer des Gelernten – vermittelt Strategien für individuelles Lernen und ermöglicht die Reflexion eigener Lernprozesse – ermöglicht Binnendifferenzierung – gestattet das Festigen von Inhalten und Informationen durch Übungen, Wiederholungen und Differenzierungen

- fördert Lernerautonomie
- unterstützt die kritische Auseinandersetzung mit dem Lerngegenstand
- korrespondiert mit den Lehrinhalten und Lernzielen
- stellt zusätzliche, nützliche und weiterführende Informationen zum Lerngegenstand zur Verfügung
- bezieht die Lebenswelt und den Erfahrungshorizont der Zielgruppe mit ein
- entspricht den antizipierten Lernvoraussetzung
- wird adressatengerecht eingesetzt
- berücksichtigt den Lern- und Kenntnisstand der Schülerinnen und Schüler
- antizipiert Lernschwierigkeiten und Verständnisprobleme und bietet entsprechende Hilfen an
- sorgt für hohen Aktivitätsgrad im Unterricht
- steigert die Motivation im Unterricht
- trägt zur Individualisierung der Lernprozesse bei

Klar sollte sein, dass nicht jedes Arbeitsmaterial in allen Kategorien für den Einsatz im Schulunterricht Bestnoten erzielen kann. Das heißt nicht, dass diese Materialien im Unterricht nicht eingesetzt werden dürfen. Ganz im Gegenteil, wenn der Medien- und Materialeinsatz bewusst reflektiert wird und bestimmte Einschränkungen oder Defizite auffallen, dann kann in anderen Bereichen kompensierend entgegengesteuert werden.

Überprüfung der gewählten Unterrichtmaterialien

Um Ihnen bei der Auswahl möglicher Unterrichtsmaterialien zu helfen und die kritische Reflexion der gewählten Materialien zu gewährleisten, listet die nachfolgende Tabelle noch einmal ausgewählte Charakteristika auf, die ein gutes Arbeitsmaterial erfüllen sollte. Durch entsprechende Eintragungen in die folgende Polaritätsliste können Sie die Eigenschaften Ihres ausgewählten Materials überprüfen und kritisch hinterfragen. Eine qualitative Einschätzung der verwendeten Materialien im Unterricht ist, wie gesagt, nicht nur für das Referendariat sehr wichtig; auch wenn Sie hier zu diesen Inhalten noch spezifisch befragt und geprüft werden können.

Die Fähigkeit, Materialien kritisch zu überprüfen und, wenn Mängel oder Defizite vorliegen, entsprechende Verbesserungen vorzunehmen, ist aber genauso auch für die spätere berufliche Tätigkeit wichtig. Wenn Sie sich bezüglich der richtigen Auswahl bestimmter Arbeitsmaterialien unsicher sind, kann Ihnen die Überprüfung anhand der obigen Matrix auch sicherlich weiterhelfen.

Unterrichtsmaterial: ______________________________

Kriterien	Polarität
intentional	+ ❑❑❑❑❑ –
formal korrekt	+ ❑❑❑❑❑ –
inhaltlich korrekt	+ ❑❑❑❑❑ –
klar strukturiert und gegliedert	+ ❑❑❑❑❑ –
fehlerfrei	+ ❑❑❑❑❑ –
logisch und kohärent	+ ❑❑❑❑❑ –
kontextgebunden	+ ❑❑❑❑❑ –
adressatengerecht	+ ❑❑❑❑❑ –
bearbeitbar	+ ❑❑❑❑❑ –
in ausreichender Zahl vorhanden	+ ❑❑❑❑❑ –
attraktiv	+ ❑❑❑❑❑ –
motivierend, interessant, spannend	+ ❑❑❑❑❑ –
benutzerfreundlich	+ ❑❑❑❑❑ –
leicht verständlich und zugänglich	+ ❑❑❑❑❑ –
übersichtlich	+ ❑❑❑❑❑ –
transparent	+ ❑❑❑❑❑ –
dem Lerngegenstand angemessen	+ ❑❑❑❑❑ –
dem Lernstand/Kenntnisstand der Zielgruppe angemessen	+ ❑❑❑❑❑ –
vielschichtig, erlaubt Progression	+ ❑❑❑❑❑ –
flexibel	+ ❑❑❑❑❑ –
unterhaltsam	+ ❑❑❑❑❑ –
ermöglicht den Transfer in andere Medien	+ ❑❑❑❑❑ –
involviert den Lerner	+ ❑❑❑❑❑ –
bezieht die Lebenswelt/den Erfahrungsraum der Zielgruppe mit ein	+ ❑❑❑❑❑ –
relevant für die Zielgruppe	+ ❑❑❑❑❑ –
lädt zur Identifikation ein	+ ❑❑❑❑❑ –
	+ ❑❑❑❑❑ –
	+ ❑❑❑❑❑ –
	+ ❑❑❑❑❑ –
	+ ❑❑❑❑❑ –
	+ ❑❑❑❑❑ –
	+ ❑❑❑❑❑ –

Schulform: Klasse: Klassenlehrer/in: Unterrichtsfach: Stunde:	Referendar/in: Datum:

Detaillierter Unterrichtsplan

____ (Titel/Thema)

Thema der Stunde

Ziel der Stunde

1.1 Kontext der Unterrichtsstunde in der Unterrichtsreihe

1.2 Bedeutung und Ziel der Unterrichtsstunde innerhalb der Unterrichtsreihe

1.3 Vorbereitung der Unterrichtsstunde (Hausaufgabe, vorbereitende Lektüre usw.)

1.4 Vorbereitung der Folgestunde/Ausblick auf die nächste Stunde

Zeit/ Dauer	Unterrichtsphase/Lerngegenstand – Lehreraktivität/Schüleraktivität	Methoden/Sozialformen	Material/ Medien

Antizipierte (Teil-)Ergebnisse

Anmerkungen/Bemerkungen

Verwendete Literatur/Arbeitsmaterialien/Medien

8. Evaluation des eigenen Unterrichts

Einzelne Unterrichtsstunden können Sie von befreundeten Referendarinnen und Referendaren mit den folgenden Materialien beobachten und bewerten lassen. Auch die Fachlehrerin/der Fachlehrer wird Ihnen Hinweise zur Qualität Ihrer Arbeit geben können.

Für komplexere Evaluationen, die z.B. eine komplette Unterrichtsreihe oder längere Arbeitsphasen, die während eigenverantwortlichen Unterrichts anfallen, eignen sich die nachfolgenden Evaluationsbögen, die Arbeitsweisen zwar weniger *en détail* dafür aber über einen längeren Zeitraum hinweg abfragen. Der Fragebogen eignet sich insbesondere für die Selbstevaluation durch die Fachlehrerin bzw. den Fachlehrer. In der Oberstufe kann die Evaluation auch durch die Schülerinnen und Schüler, die Sie über einen bestimmten Zeitraum unterrichtet haben, durchgeführt werden.

Sie selbst können die Bögen ebenfalls für sich ausfüllen und dann mit den Ergebnissen der Evaluation durch die Zielgruppe vergleichen. Dies unterstützt Sie dabei, sich auch nach längerer Unterrichtszeit kritisch mit der eigenen Wahrnehmung auseinanderzusetzen.

Neben den vorgestellten Evaluationsbögen können Sie natürlich auch auf der Grundlage der Fragestellungen und Auflistungen von Hinweisen zur Unterrichtsentwicklung und der Hospitation sowie den Matrices zur Medienauswahl und -gestaltung eigene Bögen für eine Evaluation Ihres Unterrichts erstellen. Dabei können Sie z.B. ein Polaritätsdiagramm verwenden.

→ *s. S. 68ff. und 108ff.*

Unterrichtsfach:

Klassenstufe:

Lehrer/in:

Datum:

Bitte markieren Sie nachfolgend, welche Attribute in welchem Ausmaß (+++ = sehr stark bzw. sehr gut / – – – überhaupt nicht, sehr schlecht) zutreffen.

Zur Lehrperson							
Erklärungsvermögen:							
– klar und strukturiert							
– transparent	+++	++	+	o	–	– –	– – –
– logisch und nachvollziehbar	+++	++	+	o	–	– –	– – –
– deutlich	+++	++	+	o	–	– –	– – –
– anschaulich	+++	++	+	o	–	– –	– – –
–	+++	++	+	o	–	– –	– – –
	+++	++	+	o	–	– –	– – –
Sprachvermögen:							
– klar und strukturiert	+++	++	+	o	–	– –	– – –
– transparent	+++	++	+	o	–	– –	– – –
– logisch und nachvollziehbar	+++	++	+	o	–	– –	– – –
– deutlich	+++	++	+	o	–	– –	– – –
– anschaulich	+++	++	+	o	–	– –	– – –
–	+++	++	+	o	–	– –	– – –
Fachkompetenz	+++	++	+	o	–	– –	– – –
Vorbereitung des Unterrichts	+++	++	+	o	–	– –	– – –
Durchführung des Unterrichts	+++	++	+	o	–	– –	– – –
Struktur des Unterrichts	+++	++	+	o	–	– –	– – –
Klarheit und Transparenz des Unterrichtsablaufs	+++	++	+	o	–	– –	– – –
Flexibilität	+++	++	+	o	–	– –	– – –
Einfühlungsvermögen	+++	++	+	o	–	– –	– – –
Aufmerksamkeit	+++	++	+	o	–	– –	– – –
Interesse am Unterrichtsgeschehen	+++	++	+	o	–	– –	– – –
Interesse an den Unterrichtsbeiträgen	+++	++	+	o	–	– –	– – –
Fairness	+++	++	+	o	–	– –	– – –
Engagement	+++	++	+	o	–	– –	– – –
Verhalten gegenüber den Schülerinnen und Schülern	+++	++	+	o	–	– –	– – –

Unterrichtsfach:

Klassenstufe:

Lehrer/in:

Datum:

Kriterien	Polarität				
	++	+	o	−	− −
	++	+	o	−	− −
	++	+	o	−	− −
	++	+	o	−	− −
	++	+	o	−	− −
	++	+	o	−	− −
	++	+	o	−	− −
	++	+	o	−	− −
	++	−	o	−	− −
	++	+	o	−	− −
	++	+	o	−	− −
	++	+	o	−	− −
	++	+	o	−	− −
	++	−	o	−	− −
	++	+	o	−	− −
	++	+	o	−	− −
	++	+	o	−	− −
	++	+	o	−	− −
	++	+	o	−	− −
	++	+	o	−	− −
	++	+	o	−	− −
	++	+	o	−	− −
	++	+	o	−	− −
	++	+	o	−	− −
	++	+	o	−	− −
	++	+	o	−	− −
	++	+	o	−	− −
	++	+	o	−	− −
	++	+	o	−	− −

9. Sich nicht entmutigen lassen

Zum Abschluss noch ein paar Worte der Ermutigung. Für die meisten Referendarinnen und Referendare ist die Zeit der praktischen Lehramtsausbildung nach dem ersten Staatsexamen verbunden mit einem absoluten Neuanfang. Obwohl er sich lange im Voraus ankündigt, kommt der Wechsel von der Rolle des Lernenden in die Rolle des Lehrenden doch oft abrupt. Angesichts der damit verbundenen Verantwortung und den Erwartungen und Anforderungen, mit denen man sich zeitgleich konfrontiert sieht, entsteht eine gewisse Erwartungshaltung an sich selbst. Diese Erwartungshaltung, in manchen Fällen erleben Sie diese vielleicht sogar als belastenden (Leistungs-)Druck, wird aber auch, wie Sie anhand Ihrer Überlegungen im ersten Kapitel feststellen können, von außen an Sie herangetragen. Die Vorschriften, Vorgaben und Spielregeln, die für das Berufsfeld *Schule* gelten, aber auch die verschiedenen Menschen, die Sie auf dem Weg durch das Referendariat begleiten – z.B. Fach- und Ausbildungslehrerinnen und –lehrer, Kolleginnen und Kollegen, die Schulleitung, Ihre Referendarskolleginnen und –kollegen, aber auch Ihr privates Umfeld – werden Sie hinsichtlich dieser Erwartungen in unterschiedlichem Ausmaß beeinflussen.

Damit aus diesen Erwartungshaltungen an eine kompetente Lehrerin/einen kompetenten Lehrer kein lähmender Druck entsteht, ist eine positive Einstellung gegenüber dem Referendariat und der neuen Ausbildungssituation immens wichtig. Schauen Sie deshalb nicht direkt auf das Ende dieses – zugegebenermaßen langen und zuweilen auch recht steinigen – Weges. Natürlich steht dort potentiell das Idealbild der erfahrenen, kompetenten und gut ausgebildeten Lehrperson. Aber auch diese Idealfigur war am Anfang Ihres Weges durch das Referendariat in einer ähnlichen Ausgangslage wie Sie. Erst über einzelne Streckenabschnitte und Etappen hinweg ist sie Schritt für Schritt am Ziel angekommen. Den einen oder anderen Umweg wird sie gegangen sein. Und vielleicht ist sie auch einmal in einer Sackgasse gelandet. Denn auch das passiert, wenn man unbekannte Pfade betritt.

Lassen Sie sich also angesichts der zahlreichen Herausforderungen im Referendariat nicht entmutigen. Freuen Sie sich auch über die kleinen Erfolge und Fortschritte und genießen Sie die positiven Erfahrungen in dieser Zeit. Denn auch davon gibt es viele.

Ich hoffe – und ich für meinen Teil bin mir sicher –, dass Ihnen der Referendariatskompass nicht nur ein guter Wegbegleiter ist, sondern auch seinen Beitrag dazu leistet, dass der gewählte Weg auch wirklich zu Ihrem eigenen und ganz individuellen Weg wird.